J. K. ROWLING

J. K. ROWLING

DIE ZAUBERIN HINTER HARRY POTTER

MARC SHAPIRO

Aus dem Englischen von Ulrike Seeberger

BSV
Burgschmiet Verlag

Die Deutsche Bibliothek – CIP-Einheitsaufnahme –
Ein Titelsatz für diese Publikationen ist bei der Deutschen Bibliothek erhältlich.

Originaltitel der amerikanischen Ausgabe:
An unauthorized biography, J. K. Rowling, The wizard behind Harry Potter
Veröffentlicht bei St. Martin`s Griffin

Dieses Werk wurde im Auftrage von St. Martin`s Press, L.L. C., durch die Literarische Agentur Thomas Schlück GmbH, 30827 Garbsen, vermittelt.

ISBN 3-933731-56-9 - 1. Auflage 2000
Copyright © der deutschen Ausgabe
Burgschmiet Verlag GmbH
Burgschmietstr. 2-4, 90419 Nürnberg

Bildnachweis:
Cover vorne:
Gestaltung: Michael Storrings
Porträt von J. K. Rowling: Jeremy S. Hibbert/ Rex USA
Cover hinten: Fotografie des Musters von PhotoDisc

Innenteil:
Seiten 1,4,5,8,9,12: dpa Frankfurt (zusätzlich zur amerikanischen Originalausgabe)
Seiten 2,3,11: William Mercer McCleod
Seite 6: Reuters/ Mike Segar/ Archive Photos
Seite 7,10: Reuters/ Archive Photos

Printed in Germany

Dieses Buch widme ich

all den lieben Menschen:
Meiner Frau Nancy. Meiner Tochter Rachael.
Meiner Mutter Selma. Meiner Agentin Lori.
Bennie und Freda. Keri, Bad Baby und Chaos.
Mike Kirby, Steve Ross. Und schließlich
J. K. Rowling dafür, dass sie die Fantasie einer ganzen Generation angeregt hat. All meine guten Gedanken gehen zu ihnen.

QUELLEN

Seit Harry Potter mit einem Donnerschlag auf der Szene erschien, ist J. K. Rowling der Gegenstand unzähliger Artikel in Zeitungen und Zeitschriften gewesen und hat viele Interviews gegeben. Die folgenden Veröffentlichungen, die durchwegs höchst professionell waren, haben mir bei meiner Arbeit besonders geholfen: *Current Biography*, der Londoner *Daily Telegraph*, *Time*, *Newsweek*, *Entertainment Weekly*, *The Boston Globe*, die Zeitschrift *Salon*, die *New York Times*, der Londoner *Guardian*, die *Los Angeles Times*, das *School Library Journal*, die Zeitschriften *Book* und *People*.

Die folgenden Websites haben mir ebenfalls auf dieser Zauberreise geholfen: J. K. Rowling: Raincoast Kids; Meet J. K. Rowling: Scholastic.com; J. K. Rowling: Bookwire; The Unofficial Harry Potter Fan Club Page; Harry Potter: Scholastic.com; The Essential Harry Potter; Books: BBC Online

INHALT

EINLEITUNG

ICH LESE FÜR MEIN LEBEN GERN

Ich gebe es offen zu, ich lese für mein Leben gern.

Nach einem harten Arbeitstag gibt es für mich keine bessere Entspannung: Dann kuschele ich mich in einen bequemen, weichen Stuhl, lege meine Füße auf einem mindestens genauso bequemen, weichen Hocker hoch und blättere in einem guten Buch. Und währenddessen macht es sich meine Katze Chaos auf meinem Schoß bequem und schnurrt zufrieden. Was ich lese, hängt ganz davon ab, in welcher Stimmung ich gerade bin.

Manchmal will ich etwas über richtige Menschen im wirklichen Leben erfahren und ziehe eine Biografie aus dem Regal. Aber manchmal habe ich auch überhaupt keine Lust dazu, etwas über das wirkliche Leben zu lesen. Dann nehme ich einen Science-

Fiction-Roman zur Hand oder eine Gruselgeschichte oder ein Harry-Potter-Buch ... Und ich fliege an einen Ort, an dem ich noch nie zuvor gewesen bin.

Es ist Menschen bestimmt schon immer ein großer Trost gewesen, in eine Fantasiewelt eintauchen zu können. Deswegen sind Harry Potters Abenteuer auch ein solcher Spaß und sprechen Kinder und Erwachsene gleichermaßen an. In einem Harry-Potter-Buch gibt es einfach keine Regeln – zumindest keine Regeln, gegen die man nicht auch verstoßen kann, wenn es um Spaß und Abenteuer geht.

Im magischen Land der Zauberer und Hexen können wir Abenteuer erleben wie an keinem anderen Ort der Welt. Wenn wir atemlos die Seiten in *Harry Potter und der Stein der Weisen* oder *Harry Potter und die Kammer des Schreckens* umblättern, können wir die Augen schließen und uns vorstellen, dass wir selbst gerade ein superspannendes Match Quidditch gespielt haben, dass wir jetzt in die heiligen Hallen von Hogwarts zurückkehren und dort alles über die hohe Kunst der Zaubersprüche, Zaubertränke und Gegenzauber lernen, Seite an Seite mit unseren guten Freunden Ron und Hermine, zu Füßen des weisen Zauberlehrers und Schuldirektors Dumbledore.

Wenn man Harry Potters Welt betritt, so ist das ein bisschen so, als folgte man Alice durch das Kaninchenloch ins Wunderland. An diesem Ort ist beinahe alles möglich, kann einfach alles geschehen, und es geschieht dann auch meistens. Manches, was hier passiert, kann einem wirklich Angst und Schrecken einjagen. Ich möchte in einer finsteren Nacht weder Lord Voldemort noch einem Dementor begegnen. Dagegen würde ich für mein Leben gern mal einen Heuler bekommen und aufreißen, der mir dann seine Botschaft in die Ohren kreischt. Ganz sicher ist es tausendmal schöner, mit Flohpuder von A nach B zu reisen, als irgendwo stundenlang im Stau zu stecken. Und bessere Freunde als Ron und Hermine wird man wohl kaum finden.

Das beste Anzeichen für eine gute Fanatasiegeschichte ist, dass man sich als Leser völlig darin verlieren kann. Und Millionen von Kindern und Erwachsenen auf der ganzen Welt ist genau das passiert, als sie die Berichte über Harry Potters Abenteuer gelesen haben.

Aber wir Menschen sind ja auch neugierige Wesen und stellen gern unzählige Fragen. Wie ist die Autorin bloß auf all diese Ideen gekommen? Wie sieht die Frau aus, die Harry Potter geschaffen hat? Was für eine Haarfarbe hat sie? Nachdem wir unsere Reise ins Zauberland so genossen haben, wollen wir nun alles über sie erfahren.

EINLEITUNG

Wie ist so jemand, der Harry-Potter-Geschichten schreibt?

Ist sie jung oder alt? Froh oder traurig? Lebt sie allein oder wuseln ihr unzählige Kinder um die Füße, während sie diese tollen Geschichten erfindet? Hatte sie eine glückliche Kindheit? Oder war sie so unglücklich in ihrer Familie, dass sie in eine Fantasiewelt fliehen musste?

Auf diese Fragen suchte ich eine Antwort. Und deswegen habe ich mich daran gemacht, dieses Buch *J. K. Rowling. Die Zauberin hinter Harry Potter* zu schreiben.

Oft ist die Geschichte der Autorin mindestens genauso spannend, wenn nicht sogar noch spannender, als die Geschichte, die sie in ihren Büchern schreibt. In J. K. Rowlings Geschichte gibt es ein bisschen was von allem: Glück und Liebe. Aber auch ein bisschen Traurigkeit. Doch es kommt viel Tapferkeit und Entschlossenheit und Zähigkeit darin vor. Und der Triumph gegen alle Wahrscheinlichkeit.

Schließlich gibt es wirklich ein Happy End. J. K. Rowlings Leben ist ziemlich ähnlich verlaufen, wie sie das in ihren Geschichten beschreibt. Es klingt tatsächlich wie ein Märchen, das wahr geworden ist.

Wenn man viel über J. K. Rowling weiß, wenn man weiß, wie sie dazu gekommen ist, die beliebtesten

Bücher auf der ganzen weiten Welt zu schreiben, dann ändert das kein bisschen daran, wie man Harry Potter findet. Aber dieses Buch *J. K. Rowling. Die Zauberin hinter Harry Potter* verrät einem ganz bestimmt die Geschichte hinter der Geschichte.

Und wenn man mehr weiß, kann man die Bücher vielleicht noch mehr genießen, wenn man sich das nächste Mal gemütlich in den Sessel lümmelt oder ins Bett krabbelt und die Decke bis unters Kinn hochzieht und liest …

Und wieder einmal im Land Harry Potters verschwindet.

Ich setze mich jedenfalls jetzt wieder mit meinem guten Buch in meinen bequemen Sessel.

Chaos schnurrt.

Es ist Zeit zum Umblättern.

Marc Shapiro

J. K.
ROWLING

1

VERRÜCKT NACH HARRY

Manchmal kann einen die wirkliche Welt ganz schön verwirren. Es geht dort beileibe nicht immer freundlich und nett zu. Und es gibt dort auch wahrhaftig nicht immer ein Happy End. Deswegen möchten wir mindestens ab und zu einmal in einer Welt der Fantasie verschwinden – an einen Ort fliehen, wo alles so läuft, wie wir es gerne hätten, und wo es immer ein Happy End gibt.

Wir möchten gerne glauben, dass in diesem Reich der Fantasie unglaubliche Fabelwesen existieren. Wir möchten glauben, dass es magische Zauberkräfte gibt und wirklich gute Freunde und dass das Gute wirklich die Macht hat, über das Böse zu triumphieren. Wir alle stellen uns gerne vor, dass wir fliegen können oder dass wir stark genug sind, um gewaltige Gebäude ganz spielend leicht vom Boden zu heben. Und wie gut sich ein Zauberschwert in unserer Hand anfühlen würde, mit dem wir ausziehen, um einen Drachen zu töten und die Hand einer schönen Prinzessin zu gewinnen.

Deswegen mögen wir ja Superman, Peter Pan und Mary Poppins und freuen uns an den erstaunlichen Abenteuern von Frodo im *Herrn der Ringe.* Und deswegen sind wir jetzt auch alle Harry-Potter-Fans und können es kaum erwarten, dass er endlich wieder neue Abenteuer erlebt, Harry Potter, unser Lieblingszauberlehrling, ein dreizehnjähriger englischer Waisenjunge im Zauberinternat, der Hogwarts Schule für Hexerei und Zauberei, der versucht, ein ganz normaler kleiner Junge zu sein, während ihm doch an jeder Ecke die fantastischsten Wesen begegnen und die erstaunlichsten Dinge passieren.

Die Autorin der Harry-Potter-Bücher, J. K. (das steht für Joanne Kathleen) Rowling ist eine erwachsene Frau, die selbst ein Kind hat. Sie ist vernünftig, bescheiden und realistisch – alles hervorragende Eigenschaften für eine gute Mutter und ein positives Mitglied der menschlichen Gesellschaft. Sie bummelt in ihrer Heimatstadt Edinburgh in Schottland gern durch die Straßen. Und setzt sich in ihr Lieblingscafé, trinkt einen Espresso und schaut zu, wie die Welt an ihr vorüberzieht.

Aber irgendetwas an J. K. Rowling ist anders. Denn Joanne Kathleen Rowling träumt gern, zu jeder Tages- und Nachtzeit. Sie träumt von fernen Ländern, von übermenschlich guten Helden, von wirklich abgrundtief bösen Schurken und von liebenswerten Kindern, die versuchen, all das zu verstehen und den Sinn hinter dem Ganzen zu begreifen. Anders als wir anderen setzt sie sich dann aber mit Block und Kuli hin und fängt an aufzuschreiben, welche Abenteuer Harry Potter erlebt. Ein Lächeln fliegt über ihr Gesicht. Ihre ausdrucksvollen Augen, die von langem, welligem Haar eingerahmt sind, werden noch größer. Ihr Kugelschreiber flitzt über das Papier wie der Blitz. In ihren Gedanken hat sich gerade die Tür auf eine herrliche neue Welt der Fantasie geöffnet, und sie ist im Begriff, durch dieses Tor zu schreiten.

Wenn sich J. K. Rowling hinsetzt, um Harry Potter neue Abenteuer erleben zu lassen, dann befindet sie sich gewöhnlich an ihrem liebsten Schreibort, einem Edinburgher Café namens Nicholson's. Beim Schreiben verwandelt sich die Autorin völlig. Denn um die neuesten Abenteuer von Harry und seinen guten Freunden Ron Weasley und Hermine Granger zu schaffen, muss Joanne aufhören, eine Erwachsene zu sein, und wieder das Kind werden, das an das Unglaubliche glauben will.

Und wenn Joanne einmal dieses Kind geworden ist, dann kann alles passieren... und es passiert denn ja auch.

Gleich auf den ersten Seiten von *Harry Potter und der Stein der Weisen* spüren wir, dass uns etwas Außergewöhnliches bevorsteht. Wir lernen Harry in ziemlich unglücklichen Umständen kennen. Er ist ein Waisenjunge, der seit zehn Jahren im Haus seiner grausamen Tante und seines schrecklichen Onkels im Schrank unter der Treppe lebt. Doch wir finden schon bald heraus, dass Harry kein gewöhnlicher kleiner Junge ist. Er ist der Sohn einer Hexe und eines Zauberers. Allerdings hat er nicht die geringste Ahnung, dass er magische Kräfte besitzt, bis eines Tages aus heiterem Himmel ein Riese auftaucht und ihm einen Brief überreicht, in dem ihm ein Stipendium an einem Zauberinternat, der Hogwarts Schule für Hexerei und Zauberei, angeboten wird.

Im Zauberinternat angekommen, findet Harry zum ersten Mal Freunde und entdeckt einige neue Feinde. Er stellt fest, dass er magische Kräfte besitzt, und macht sich daran, das Böse, das tief in der Schule verborgen lauert, zu besiegen. Im klassischen Sinn sind die Freunde in diesem Kampf vereint, sie verbannen das Böse, zumindest für einige Zeit, und alles ist wieder gut.

Im zweiten Band, *Harry Potter und die Kammer des Schreckens,* geht es ziemlich genauso weiter. Wieder macht sich ein inzwischen etwas reifer gewordener Harry mit seinen Freunden daran, das Böse zu besiegen. Aber nun findet der junge Zauberer viel mehr über sein neues Heimatland heraus. Und Joannes lebhafte Fantasie sorgt dafür, dass er bei dieser Entdeckungsreise an jeder Ecke auf neue Überraschungen stößt. Da gibt es ein Tagebuch, das Antworten schreibt, einen toten Lehrer, der fröhlich weiter Klassen unterrichtet, und Porträts, die quicklebendig sind, manchmal aus dem Rahmen verschwinden und sich nachts mit Lockenwicklern in den Haaren für den nächsten Tag herausputzen.

Im dritten Buch, *Harry Potter und der Gefangene von Askaban,* lässt die Autorin die Welt schon ein wenig finsterer aussehen. Die *Dementoren* sind wirklich widerliche Schurken. Aber inzwischen ist Harry weise und mächtig genug, um den Kampf für das Gute auch gegen diese finsteren Wesen erfolgreich zu bestehen. Und dann wäre da noch der wunderbare Augenblick auf dem Quidditch-Feld, als Harry Potters Augen auf Cho Chan fallen und er sich denkt, dass sie eigentlich ziemlich hübsch aussieht.

Joanne hat wieder jede Zeile mit zauberhaften Bildern angefüllt, nimmt uns an der Hand und entführt uns in ihr Märchenland.

„Ich kann mich wirklich problemlos in die Zeit zurückdenken, als ich elf Jahre alt war", hat Joanne Rowling in einem Interview mit der Zeitschrift *Time* gesagt, als es darum ging, dass sie immer auf ihre eigene Kindheit zurückgreifen kann. „Ich weiß noch genau, wie es war, ein Kind zu sein und sich völlig machtlos zu fühlen und diese ganze Gedankenwelt zu besitzen, die für Erwachsene immer undurchdringlich bleiben würde. Ich glaube, ich habe sehr lebhafte Erinnerungen daran, wie das Gefühl war, so alt zu sein wie Harry."

Bei mehr als einer Gelegenheit hat Joanne zugegeben, dass ihre Kindheitserinnerungen großen Einfluss auf ihr Schreiben hatten. Hermine ist für sie ein Selbstporträt aus Kinderjahren. Es hat zwar in ihrem Leben keinen Harry Potter gegeben, aber sie sagt, dass sie viele seiner Charakterzüge von wirklichen Personen, die sie kannte, übernommen hat. Und ihre Feinde? Die werden wieder quicklebendig, wenn sich Joanne daran erinnert, wie es war, als sie es mit dem übelsten Raubein der Schule zu tun bekam und nicht wusste, ob die Sache für sie glimpflich ausgehen würde.

Die Autorin hat oft erzählt, was ihr am Schreiben der Potter-Abenteuer so besonders viel Spaß macht und sie jeden Tag freudig an die Arbeit gehen lässt: die Vorstellung, dass sie eine Tür in eine Traumwelt mit all ihren unendlich vielen Möglichkeiten aufstoßen kann.

„Wenn man träumt, dann kann man machen, was man will", sagte sie in einem Interview mit der Zeitschrift *Newsweek*.

Und in den ersten vier Abenteuerromanen um Harry Potter gibt es wahrhaftig Träume in Hülle und Fülle: *Harry Potter und der Stein der Weisen, Harry Potter und die Kammer des Schreckens, Harry Potter und der Gefangene von Askaban* und *Harry Potter und der Feuerkelch.* In der Welt, in der sich Harry Potter bewegt, wimmelt es nur so vor seltsamen Geschöpfen wie dem Hippogreifen Seidenschnabel, der „gebrauchten" Ratte Krätze und der sehr scharfkralligen und scharfsinnigen Katze Krummbein.

Es gibt Gute wie Professor Dumbledore und Rubeus Hagrid und Böse wie die Dursleys und den finsteren Lord Voldemort. In Harry Potters Welt werden die Banken von Kobolden geführt, kommt die Post per Eule ins Haus, rasen Zauberlehrlinge beim Quidditch auf Hexenbesen hinter verschiedenen Bällen her und bewegen sich mit äußerster Vorsicht, wenn sie zaghaft den Verbotenen Wald betreten.

Aber letztlich und endlich ist doch Harry Potter, dieser magere Dreizehnjährige mit den grünen Augen, mit seiner runden Brille und dem wilden schwarzen Haarschopf Herz und Seele aller Abenteuer, die J. K. Rowling schreibt. Die Autorin hat das Gefühl, als hätte sie mit Harry einen Spiegel für die Seelen ihrer jungen Leserinnen und Leser geschaffen.

„Harry ist gescheit und ziemlich gut im Sport, und er kann eine ganze Reihe von Dingen, die andere Kinder gerne beherrschen würden“, hat Joanne Rowling einmal einem Interviewer erzählt. „Aber Kinder haben auch Mitgefühl mit ihm, weil er seine Eltern verloren hat. Wenn ein Autor eine seiner Figuren zur Waise macht, dann wollen wahrscheinlich nur wenige Kinder auch Waisenkinder sein. Aber es ist irgendwie auch befreiend, weil in gewisser Weise auch nicht die Last irgendwelcher elterlichen Erwartungen auf Harry liegen.“ Und doch sind die Abenteuer Harry Potters viel mehr als nur ein Fluchtweg in eine Fantasiewelt für ganz junge Leser. Auch Erwachsene haben Harry ins Herz geschlossen und freuen sich an den einfachen Wahrheiten und den positiven Werten, die diese Geschichten vermitteln. Oft steht Harry im Mittelpunkt, wenn Familien gemeinsame Zeit miteinander verbringen. Eltern lesen ihren Kindern vor, und oft genug lesen die Kinder den Eltern laut vor. Man hat auch schon gehört, dass Eltern, nachdem ihre Kinder eingeschlafen sind, in deren Zimmer schleichen, das Buch nehmen und selbst weiterlesen.

Die Autorin liest ihre Fanpost regelmäßig. Es ist ihr klar, dass die Stärke Harry Potters darin liegt, dass er offensichtlich Leser aus allen Generationen begeistern kann. Eine Frau aus Glasgow in Schottland schrieb kürzlich einen Brief an Joannes britischen Verlag und wollte wissen, wie man dem Harry Potter Fan Club beitreten könne. Nebenbei ließ sie noch einfließen, dass sie sechzig Jahre alt sei. Ein Engländer, der sich erkundigte, ob es möglicherweise einen Harry-Potter-Film geben könne, beschrieb sich als „im Herzen ein Kind, im Körper eines Erwachsenen." Frau Rowling sind Berichte zu Ohren gekommen, dass es in verschiedenen Familien zur Schlafenszeit zu Streitereien gekommen ist, wenn ein Elternteil nur noch eben ein Kapitel zu Ende lesen wollte und schließlich den Kindern das Buch wegnahm, um es selbst lesen zu können.

Joanne hat lang und gründlich darüber nachgedacht, warum Menschen aller Altersklassen so begeistert auf Harry reagieren, und sie meint den Grund zu kennen.

„Ich glaube, zum Teil liegt es daran, dass Harry schon als Kind die Last eines Erwachsenen auf seine Schultern nehmen muss", sagte sie kürzlich in einem Interview. „Das macht ihn für Kinder und Erwachsene so liebenswert. Außerdem ist Harry ein altmodischer Held. Und er hat genug menschliche Schwächen, dass sich Menschen aller Altersstufen mit ihm identifizieren können."

Die Autorin weist auch darauf hin, dass allen ihren Büchern eine ausgeprägte Moral zugrunde liegt. Aber sie predigt nicht, sondern sie vermittelt ihre Botschaft ganz natürlich und menschlich – durch die Gedanken und Handlungen ihrer Personen. In den ersten vier Bänden haben wir herausgefunden, dass Harry keineswegs vollkommen ist. Der Junge beugt und bricht alle Regeln, wenn es für seine Zwecke notwendig ist, und in vielem ist er genauso unsicher wie jeder andere Junge und jedes andere Mädchen seines Alters. Erwachsene und Kinder sind begeistert, dass sie ein Harry-Potter-Buch aufschlagen und sich in der Geschichte wiederfinden können.

Arthur Levine, der amerikanische Herausgeber der Harry-Potter-Bücher, glaubt, dass die große Anziehungskraft für die Leser darin besteht, dass man sich gerne vorstellt, wie jemand aufwächst und völlig unterschätzt wird, sich wie ein Ausgestoßener vorkommt und dann plötzlich ins helle Licht tritt und entdeckt wird. „Davon träumen alle, die gescheit, aber nicht gerade supersportlich sind. Das ist das Gefühl, das mich in die Bücher hineingezogen hat“, erzählte er der *New York Times.*

Warum auch immer, jedenfalls ist Harry Potter ein weltweites Phänomen geworden, seit 1997 der erste Band auf dem Markt erschien. Bis heute sind von den ersten vier Bänden weltweit über 10 Millionen Exemplare in über hundert verschiedenen Sprachen verkauft worden. Die Bücher stehen noch immer auf diversen Bestsellerlisten an erster Stelle, und eine große amerikanische Filmgesellschaft hat kürzlich bekannt gegeben, dass sie in der nicht allzu fernen Zukunft aus *Harry Potter und der Stein der Weisen* einen richtig großen Hollywoodfilm machen will.

Aber hinter der Beliebtheit von Harry Potter steckt noch mehr als nur viele verkaufte Bücher und tolle Filmverträge. Die Kinder haben Harry ins Herz geschlossen, und er ist zu einem Teil ihrer Welt geworden. Sie haben Spiele erfunden und Stücke auf die Bühne gestellt, die sich um Harry und seine Abenteuer drehen. In vielen der zahlreichen Websites, die rund um die Harry-Potter-Bücher wie die Pilze aus dem Boden geschossen sind, gibt es Geschichten zu lesen, die Fans selbst geschrieben haben. Manche Kindergruppen treffen sich regelmäßig und lesen sich gegenseitig laut Harry Potter vor. Ein geschäftiger Elfjähriger ließ sich sogar Visitenkarten drucken, auf denen „Ausgebildet in Hogwarts“ stand, und teilte sie an seine Freunde aus.

Überraschenderweise ist die Autorin, die hinter den fantastischen Abenteuern Harry Potters steht, eine Frau, die an relativ einfachen Dingen Spaß findet. Auf einer Internet-Seite bekannte sie, dass sie eigentlich gar keine Hobbys hat, „außer mit meinen Freunden rumzuhängen und zu schreiben“. Ihr liebster Feiertag ist Halloween. Und ihre liebsten Fernsehsendungen sind britische Komödien und die aus den USA importierten Serien „Frasier“ und die „Simpsons“.

„Mir wird manchmal langweilig in meinem Leben“, hat sie einmal gesagt. „Ich erfinde lieber Sachen.“

Am meisten Freude macht es Joanne Rowling aber, wenn sie hört, wie ganz junge Leser ihre Geschichten aus ganzem Herzen angenommen haben. Und das haben sie ja nun wirklich. Eine Familie in Kalifornien war so scharf darauf, *Harry Potter und der Gefangene von Askaban* zu lesen, dass sie im Internet ein britisches Exemplar des Buches bestellten, damit sie nicht monatelang warten mussten, bis das Buch auch in Amerika herauskam. Als das dritte Buch in Großbritannien um 15.45 Uhr zum Verkauf kam (dann ist Schulschluss an britischen Schulen), hörte Joanne Rowling zu ihrer großen Überraschung, dass schon Minuten später die Bücher in den Läden ausverkauft waren.

Joanne Rowling, die schüchtern ist und nicht gerne Interviews gibt und die sehr geheimnisvoll tut, wenn man sie nach Harrys weiteren Abenteuern löchert, hat viel Spaß an Lese- und Signierreisen gefunden. Tatsächlich macht es ihr unbändige Freude, wenn sie bei Signierstunden ihre jungen Leserinnen und Leser von Angesicht zu Angesicht kennen lernen kann. Zum Beispiel kam während eines Besuches in einer englischen Schule ein kleiner Junge zu ihr, der eines ihrer Bücher in der Hand trug. „Er sagte die erste Seite des Buches auswendig auf“, erklärte sie der Zeitschrift *Newsweek*. „Als er fertig war, meinte er: ‚Ich kann noch weiter.‘ Und dann hat er die ersten fünf Seiten des Buches auswendig wiedergegeben. Es war unglaublich.“

Einen der tollsten Augenblicke erlebte sie aber, wie sie im Chat bei *Scholastic* online erzählte, bei einem Auftritt in ihrer Heimatstadt Edinburgh, wo sie vorlesen und Bücher signieren sollte. „Die Veranstaltung war ausverkauft, und die Schlange von Leuten, die danach ein Buch signiert haben wollten, war unendlich lang. Als ein zwölfjähriges Mädchen endlich bei mir ankam, sagte sie: ‚Ich wollte das nicht, dass so viele andere Leute hier sind, denn das ist *mein* Buch!' Ich habe ihr gesagt, dass ich bei meinen Lieblingsbüchern genau das gleiche Gefühl habe. Niemand außer mir hat das Recht sie zu kennen, und schon gar nicht, sie so zu mögen wie ich!"

Als Joanne letztes Jahr auf einer Lesereise in die Vereinigten Staaten kam, brach dort buchstäblich die Potter-Manie aus. Ihre vielen Auftritte in Buchläden im ganzen Land findet sie noch heute höchst erstaunlich, und diese Erlebnisse haben ihr klar gemacht, dass die Harry-Potter-Bücher zwar in einem eindeutig britischen Stil geschrieben sind, dass aber die Botschaft ihrer Bücher international ist. Während einer Lesung in der Turnhalle einer Oberschule in Santa Rosa in Kalifornien war Joanne entsetzt, als sie in den Saal blickte und 2 500 Harry-Potter-Fans auf den Tribünen auf und ab springen sah und aus voller Kehle „Harry! Harry!" brüllen hörte.

Das gleiche Schauspiel bot sich ihr in San Francisco in Kalifornien. Als sie im Auto um die

Ecke bog, sah sie zu ihrem Erstaunen mehr als tausend Leute vor einem Buchladen Schlange stehen, wo um 9.30 Uhr eine Lesung mit Signierstunde stattfinden sollte. Später erfuhr sie, dass viele Kinder und deren Eltern die Nacht in dieser Warteschlange verbracht hatten, um sicher zu sein, dass sie diese Veranstaltung miterleben konnten. Eine Familie war sogar am Vortag sechs Stunden mit dem Auto aus Los Angeles angereist, um wirklich als erste in der Schlange zu sein. Joanne las kurz aus ihren Büchern vor und signierte dann in zwei Stunden tausend Bücher. Und dann saß sie auch schon wieder in ihrer Limousine und war, schnell wie der Blitz, verschwunden.

„Es war ein bisschen so, als wären die Beatles da gewesen“, sagte eine aufgeregte, atemlose Sprecherin des Buchladens nachher zu *Entertainment Weekly*. „Wahrscheinlich kommen noch in einigen Jahren Kids und sagen: ‚Wow! An dieser Stelle hat die Harry-Potter-Lady gestanden!‘ “

Für J. K. Rowling war der Riesenerfolg von Harry Potter selbst eine fantastische Geschichte. Nach harten Jahren in langweiligen Jobs lebte sie ziemlich verarmt und versuchte, ihrer Tochter eine gute Mutter zu sein. Jetzt wohnt sie sehr schön und bequem in Schottland und reist regelmäßig rund um die Welt. Sie hat sich verwundert darüber geäußert, dass ihre Reaktion auf Harrys Erfolg „ein Schock war" und dass es war, „als würde man in ein Märchenland katapultiert".

„Ich finde es immer schwierig, objektiv über Harry zu reden", gab sie einmal in *BBC Online* zu, als es in der Diskussion um Realität und Fantasie in ihren Büchern ging. „Für mich bleiben die Bücher meine eigene, ganz private Welt. Vom ersten Augenblick an, als mir die Idee für das Buch kam, war mir klar, wie komisch es sein könnte, sich vorzustellen, dass die Zauberer mitten unter uns sind."

Aber schließlich ist Joanne Rowlings Erfolg ein Traum, der in Erfüllung gegangen ist. „Ich wäre verrückt gewesen, wenn ich erwartet hätte, was dann schließlich wirklich mit Harry passiert ist", meint sie. „Die bloße Tatsache, dass ich sagen konnte, ich bin eine Schriftstellerin und habe ein Buch veröffentlicht, das war schon die Erfüllung eines Traumes, den ich bereits als ganz kleines Mädchen geträumt habe."

2

RABBIT UND MISS BEE

J. K. Rowlings Eltern lernten sich 1963 in der Eisenbahn kennen. Wie in allen guten Märchen war es Liebe auf den ersten Blick.

Oberflächlich gesehen hätten Peter Rowling und seine zukünftige Braut nicht verschiedener sein können: Peter arbeitete in einer Flugzeugfabrik, Ann als Laborantin. Er kam aus der Arbeiterwelt, sie beschäftigte sich eher mit Büchern und hoch geistigen Dingen. Doch keiner dieser Unterschiede schien den beiden etwas auszumachen.

Denn während sie miteinander ausgingen, sich verliebten und schließlich beschlossen zu heiraten, entdeckten sie, dass sie tatsächlich sehr viele Gemeinsamkeiten hatten. Sie hatten den gleichen Humor, und beiden waren ein Zuhause und eine Familie ungeheuer wichtig. Beide liebten sie das ländliche England und gute Bücher. Als sie einander schließlich in der Kirche das Jawort gaben, waren Peter und Ann überzeugt, den idealen Partner fürs Leben gefunden zu haben.

Kurz nach der Hochzeit zogen die beiden in ihr kleines, aber gemütliches Zuhause in dem winzigen Ort Chipping Sodbury. Ihnen gefiel die Vorstellung, dass sie nun buchstäblich mitten in den berühmten Wäldern und Tälern Englands lebten. Aber im Herzen blieben sie immer Städter, und so genossen sie die regelmäßigen Ausflüge in die nahe gelegene Stadt Bristol sehr, wo sie miteinander Einkaufsbummel machten und sich die Zeit vertrieben.

Peter und Ann waren sicher, dass ihr Leben vollkommen war. Nur eine einzige Kleinigkeit konnte ihr Glück noch vergrößern.

Und diese Kleinigkeit kündigte sich im November 1965 an, als die beiden ihrer Familie und ihren Freunden glückstrahlend verkündeten, dass Ann ihr erstes Kind erwartete. Die nächsten neun Monate waren für Peter und Ann eine herrliche, glückliche Zeit. Sie bereiteten sich auf die Geburt ihres Kindes vor. Sie machten sich Gedanken, ob es ein Mädchen oder ein Junge werden würde, und diskutierten endlos lang über mögliche Namen. Regelmäßig spazierten sie durch das Zimmer, das sie als Kinderzimmer ausgesucht hatten, und planten, wo die Wiege stehen sollte und in welcher Farbe sie die Wände streichen wollten.

Wie alle Eltern hofften auch sie, dass ihr Kind heil und gesund zur Welt kommen würde. Ende Juli 1966 fuhr dann Peters Auto vor dem Krankenhaus von Chipping Sodbury vor. Es war so weit.

Joanne Kathleen Rowling erblickte strampelnd und schreiend am 31. Juli 1966 das Licht der Welt. Später betrachtete sie ihre Geburt an diesem Ort als gutes Omen für ihr weiteres Leben. „Ich finde, es passt prächtig, dass jemand, der komische Namen sammelt, ausgerechnet in einem Krankenhaus in Chipping Sodbury geboren wird“, sagte sie einmal lachend in einer Online-Biografie.

Beinahe von Geburt an spürten Peter und Ann, wie hellwach, aufmerksam und neugierig ihr kleines Mädchen Joanne war. Ihre Augen waren immer weit aufgerissen und staunten die Welt ringsum an, und immer tastete sie neugierig alles in ihrer Umgebung ab. Die Eltern konnten beinahe vorhersagen, dass eines der ersten Worte, das ihre Tochter sprechen würde, wahrscheinlich „warum“ sein würde.

Joanne hat ihre frühe Kindheit einmal als „verträumt“ bezeichnet. Das kleine Mädchen schien sich gern allein zu vergnügen. In ihrem Kinderzimmer oder im hohen Gras im Garten hinter dem Haus spielte sie ihre Fantasiespiele. Wenn sie einen Baum fand, kletterte sie darauf. Wenn andere Kinder dazu kamen, forderte Joanne sie immer schnell auf, doch mitzumachen, und dachte sich unendlich viele Spiele aus. Ganz besonders gern hatte sie in diesen frühen Jahren Spiele, bei denen man sich vorstellen musste, ein ganz anderes Wesen zu sein.

Joannes Eltern wollten die Fantasie ihres Kindes noch weiter fördern und begannen ihr schon frühzeitig vorzulesen. Weil beide ständig lasen, überrascht es niemanden, dass eine der ersten Erinnerungen der Autorin war, dass „wir ein Haus voller Bücher hatten und meine Eltern mir dauernd etwas vorlasen“. Joanne bekam Märchen und Bücher mit fantastischen Geschichten zu hören, und natürlich auch den einen oder anderen Kinderbuchklassiker.

Und wenn es ihr einmal nicht gut ging, übte der Klang der mütterlichen oder väterlichen Stimme beim Vorlesen stets eine beruhigende Wirkung auf sie aus.

„Meine lebhafteste Erinnerung an die Kinderzeit ist, dass mein Vater da sitzt und mir ‚Der Wind in den Weiden' vorliest", erzählte sie einmal dem Londoner *Daily Telegraph*. „Ich hatte damals wohl Masern, aber daran erinnere ich mich überhaupt nicht. Ich erinnere mich nur an das Buch."

Was ihren Eltern damals nicht klar war: Dieser ständige Kontakt mit der Literatur – insbesondere mit Märchen und fantastischen Geschichten – machte einen ungeheuren Eindruck auf das kleine Mädchen. Sie begann sich selbst fantastische und bereits sehr gut aufgebaute Erzählungen auszudenken, in denen überlebensgroße Helden und Bösewichte vorkamen. Wenn sie spielte, dann hatten ihre Geschichten so viel Persönlichkeit und waren so sorgfältig bis ins Detail ausgearbeitet, wie man es sonst allgemein bei einem Kind ihres Alters kaum findet.

Obwohl sie noch viel zu jung war, um darüber nachzudenken, was sie einmal werden wollte, wenn sie erwachsen sein wird, hatte Joanne Kathleen Rowling doch schon sehr früh eine Vorstellung von sich als einer Person, die sich später einmal mit Papier und Bleistift hinsetzen und Fabelwelten erschaffen würde. „Schreiben war für mich immer eine Art herrliche Zwangshandlung“, erklärte sie 1997 in einem Interview, als sie von ihren frühen schriftstellerischen Versuchen berichtete. „Ich glaube nicht, dass man mich dazu hätte zwingen oder davon abhalten können. Es ist wirklich komisch, aber ich wollte nie etwas anderes machen als schreiben.“ Diese Gedanken behielt Joanne aber für sich, und das köstliche Geheimnis ließ es ihr nachts im Bett ganz warm ums Herz werden und beflügelte sie tagsüber. Wenn sie es auch nur ihren Eltern erzählt hätte, wäre der ganze Spaß zu Ende gewesen.

Aber als ihre um weniger als zwei Jahre jüngere Schwester Di das Alter von drei Jahren erreicht hatte, war die nun fünfjährige Joanne „groß genug, um sie im Zimmer festzuhalten“, und begann wilde Geschichten über fantastische Fabelwesen und Traumländer zu erfinden und ihrer kleinen Schwester zu erzählen.

In diesen Geschichten war oft ein Kaninchen die Hauptperson, denn, wie Joanne sich erinnert, „damals wollten wir so schrecklich gern ein Kaninchen haben“. Eine der tollsten dieser frühen Fantasien war die Geschichte, über die sich Di immer mit ihrem glucksenden Babylachen am meisten freute. Sie handelte davon, dass Di eines Tages in ein Kaninchenloch fiel und schließlich bei Familie Rabbit zu Besuch war und mit Erdbeeren gefüttert wurde.

Meist saß Di ganz fasziniert da und lauschte gespannt den Erzählungen ihrer älteren Schwester. Und sie bat Joanne, die gleiche Geschichte immer und immer wieder zu erzählen. Weil sie diese Geschichten nicht aufgeschrieben hatte, fielen sie beim Wiedererzählen eben manchmal ein wenig verschieden aus. Die Reaktion der kleinen Schwester brachte Joanne auf die Idee, sich die Geschichten auf Papier zu skizzieren. Eines Tages, nicht lange nach ihrem sechsten Geburtstag, setzte sich also Joanne mit Papier und Bleistift hin und schrieb ihre erste Geschichte auf.

Natürlich war es eine Geschichte über ein Kaninchen namens Rabbit. Das Kind erfand eine fantasievolle Geschichte über ein Kaninchen, das die Masern hat und am Krankenbett von vielen

Freunden besucht wird, unter anderem von einer Riesenbiene namens Miss Bee. „Ich habe ein paar Jahre lang Geschichten über Kaninchen geschrieben. Kaninchen waren eindeutig eine fixe Idee“, erzählte sie einmal einem Interviewer.

Di fand die Geschichte ungeheuer spannend. Joannes Eltern, die ihrer Tochter immer wieder einmal beim Spielen und Erzählen zuhörten, freuten sich über die blühende Fantasie der Kleinen, hielten es aber nicht für nötig, sie noch weiter zu ermutigen. Aber das brauchte Joanne sowieso nicht, denn sie war bereits wild entschlossen, Schriftstellerin zu werden. „Seit der Zeit von Rabbit und Miss Bee war mir klar, dass ich schreiben wollte“, erklärte sie dem *School Library Journal*. „Ich kann gar nicht stark genug betonen, wie sehr ich mir das wünschte. Aber ich habe es kaum je irgendjemandem erzählt. Ich habe selten darüber gesprochen, denn es war mir ein bisschen peinlich. Und meine Eltern waren die Art Eltern, die gesagt hätten: ‚Ah ja, sehr nett, aber wie ist das mit der Altersversorgung?‘„

Joanne wuchs zu einem gescheiten Mädchen heran, dessen lebhafte Fantasie in der Nachbarschaft oft in aller Munde war. Um ihr Talent zum Geschichtenerfinden ging es auch während ihrer ersten Schuljahre häufig, wenn Lehrerinnen und Lehrer sich darüber wunderten, wie reif und fantasievoll ihre ersten Aufsätze und Geschichten waren. Joanne betrachtete diese ersten Komplimente als ein Zeichen dafür, dass sie etwas gefunden hatte, was sie wirklich gut konnte.

Ein weiterer früher Versuch des jungen Mädchens, eine spannende Geschichte zu erzählen, war die Grusel- und Abenteuergeschichte *The Seven Cursed Diamonds* (Die sieben verfluchten Diamanten). „Damals hielt ich es für einen Roman", erinnerte sie sich später. „Aber heute glaube ich, dass es nur eine sehr lange Kurzgeschichte war."

Joanne verbrachte aber in diesen frühen Jahren ihre Zeit nicht nur mit Schreiben. Kaum je fanden ihre Eltern sie ohne Buch. Das Mädchen tobte zwar auch viel draußen herum und schloss in der Nachbarschaft schnell Freundschaften, aber am liebsten schien sie doch irgendwo allein zu sitzen und ihre Nase in ein Buch zu stecken. Zu ihren Lieblingsgeschichten gehörten *The Little White Horse* (Das kleine weiße Pferd) von Elizabeth Goudge, *Manxmousse* (Die Maus von der Insel Man) von Paul Gallico und die Narnia-Bücher von C. S. Lewis.

„Die Bücher von E. Nesbit habe ich vergöttert", berichtete sie einmal über ihre Lesegewohnheiten. „Ich fand sie wunderbar. Noel Streatfeild habe ich auch sehr gemocht, diese Bücher über Ballettschuhe und andere Mädchensachen. Und sogar heute noch, wenn in einem Zimmer eines der Narnia-Bücher liegt, nehme ich es in die Hand und lese es gleich noch einmal", erklärte sie dem Londoner *Daily Telegraph.*

Kurz nachdem Joanne angefangen hatte zu schreiben, beschlossen ihre Eltern, dass die Familie ein größeres Zuhause bräuchte. Sie zogen in die kleine Stadt Yate in der Nähe von Bristol um. Kaum ein Jahr nach dem Umzug nach Yate kamen Peter und Ann überein, dass ihnen die Landschaft auf der anderen Seite von Bristol doch noch besser gefiel, und sie zogen in eine andere Kleinstadt, nach Winterbourne.

Joanne und Di kamen mit diesen Umzügen wunderbar klar und freundeten sich schnell mit den Kindern in der Nachbarschaft an. Besonders in Winterbourne lebten viele Kinder in Joannes und Dis Alter, und die beiden wurden sofort in die kleine Bande von Kindern aufgenommen, die auf den Straßen der Stadt alle möglichen Spiele spielten. Damals war Joanne ein richtiger Junge, machte bei allen rauen Spielen mit, ohne sich Gedanken zu machen, sie könnte vielleicht hinfallen und sich wehtun. Sogar in diesem Alter war Joanne nicht gerade der sportliche, athletische Typ und fiel oft hin. Aber ihre Ausdauer und dass sie es immer wieder versuchte, verschaffte ihr bei den Kindern in der Nachbarschaft sofort Respekt.

Zwei ihrer engsten Freunde in Winterbourne waren Geschwister namens Ian und Vikki Potter. Später erzählte Ian Potter der Zeitschrift Book, dass sie sich ab und zu Geschichten erzählten, wenn seine Schwester und er mit Joanne und ihrer Schwester zusammen waren. „Aber am liebsten haben wir uns verkleidet, und neun von zehn Malen sagte dann Joanne: ‚Lasst uns Hexen und Zauberer spielen!'"

Joanne erinnerte sich daran, dass sie mit Ian und Vikki in ihrer Zeit in Winterbourne ziemlich eng befreundet war. Ein Grund für diese Freundschaft war der Name der beiden.

„Sie hießen mit Nachnamen Potter", meinte sie. „Der Name hat mir schon immer gut gefallen."

3

KINDERJAHRE UND JUGENDZEIT

Kurz nach Joanne Kathleen Rowlings neuntem Geburtstag beschlossen ihre Eltern, dass die Zeit für einen weiteren Umzug gekommen war. Diesmal war der Traum ihrer Eltern in Erfüllung gegangen.

Peter und Ann Rowling waren beide in London geboren und aufgewachsen und waren im Herzen wirklich Großstädter. Aber weil das Leben auf dem Land billiger war, hatten sie den Gedanken an eine Wohnung in der Stadt erst einmal verschoben. Aber Peter war in seinem Job als Mechaniker in der Autofabrik immer weiter die Karriereleiter hinaufgestiegen und bezog ein immer höheres Gehalt. Jetzt beschlossen die beiden, dass die Zeit für den großen Umzug gekommen war.

Obwohl sie sich nach dem Großstadtleben sehnten, hatten sie auch eine Vorliebe für Wälder und Berge entwickelt, die sie nun in ihrem Leben auch nicht mehr missen wollten. Sie beschlossen also, dass vielleicht doch eine kleinere Stadt besser als die Großstadt wäre.

Tutshill liegt bei Cheapstow im Forest of Dean. Es ist eine richtige Stadt mit vielen Straßen und Kaufhäusern und Schulen. Der Fluss Wye fließt daran vorbei, und ringsum liegen Wiesen und Felder. Es ist also eine ideale Mischung aus Stadt und Land.

Joanne und Di gewöhnten sich schnell in ihrer neuen Umgebung ein. Sie tobten stundenlang am Fluss herum und erfanden Fantasiespiele, die sie auf den Wiesen und Feldern spielten. Joanne war sehr kontaktfreudig und hatte schon bald in der Nachbarschaft neue Freunde gefunden. Als sie sich wohl genug fühlte, brachte sie auch einmal die eine oder andere ihrer Geschichten mit und las sie den Kindern aus der Gegend vor. Die anderen wussten zwar nicht recht, was sie von diesem kleinen Mädchen halten sollten, das lange Wörter verwendete und lustige Geschichte über Fantasieorte erzählte, aber sie waren doch beeindruckt und planten schon bald eine regelmäßige Geschichtenstunde mit Joanne in ihren Tagesablauf ein.

Joanne spielte auch weiter gern auf dem Spielplatz mit, aber Lesen und Schreiben, einsame Beschäftigungen, standen doch ganz oben auf der Liste ihrer Lieblingsbeschäftigungen.

Sie las inzwischen schon Bücher, die weit über ihre Altersklasse hinaus gingen. Mit neun Jahren hatte die kleine Joanne die James-Bond-Romane von Ian Fleming entdeckt und las sie mit großem Vergnügen regelmäßig in ihrer Freizeit.

Kurz danach entdeckte sie die Romane von Jane Austen, und das veränderte sie für immer. Austen wurde mit ihrer zarten Prosa und ihren detaillierten Schilderungen von Situationen ein Vorbild für Joanne Rowling. „Jane Austen ist meine allerliebste Lieblingsautorin aller Zeiten."

Das Leben in der Stadt Tutshill hatte nur einen einzigen Nachteil. Joanne musste in die Tutshill

Primary School zur Grundschule gehen. Und Joanne hasste ihre neue Schule.

„Sie war sehr klein und eng und altmodisch", erinnert sie sich ungern auf der Website von *Okubooks*. „Die Pulte hatten noch Tintenfässer mit Deckeln drin."

Aber das war nicht das einzige Problem, das Joanne mit dieser Schule hatte. Sie bekam es auch mit der neuen Lehrerin Mrs. Morgan zu tun. Und Mrs. Morgan jagte Joanne Angst und Schrecken ein. Sie war eine sehr strenge Lehrerin, die keinen Unsinn duldete und ihren Unterricht genau nach dem Lehrbuch abhielt. Und Mrs. Morgans Lehrbuch und ihre neue Schülerin Joanne waren zu deren größtem Leidwesen beim Thema Mathematik keineswegs einer Meinung.

„Sie hat mich einen Rechentest schreiben lassen, gleich am ersten Morgen, und nach übermenschlicher Anstrengung habe ich null von zehn Punkten bekommen", erzählte sie beim Chatten auf der Website von *Okubooks*. „In dem Test ging es um Bruchrechnung, und ich hatte noch nie im Leben einen Bruch gesehen."

Am ersten Schultag setzte also Mrs. Morgan Joanne in die Bankreihe ganz rechts im Klassenzimmer. Das kleine Mädchen fand das ganz in

Ordnung, bis sie im Gespräch mit den Klassenkameraden herausfand, dass die Lehrerin sie in die Idiotenreihe gesetzt hatte.

Mrs. Morgan hatte ihren Sitzplan für die Klasse nämlich wohl nach einem bestimmten Schema aufgebaut, das darauf beruhte, für wie gescheit sie die Schüler hielt. Die klügsten Schülerinnen und Schüler saßen links im Klassenzimmer, und der Rest rechts davon. Joanne erinnerte sich schmerzlich an die ersten Tage in der Grundschule Tutshill, als sie schrieb: „Ich war so weit rechts, rechts von mir war nur noch der Pausenhof."

Das erste Jahr war wirklich hart für Joanne. Sie fand nicht mehr so leicht wie früher neue Freunde in der Schule. Sie änderte sich körperlich und psychisch. Insgesamt hatte sie einen schweren Anfang an der neuen Schule.

„Ich war nicht so intelligent, wie ich meinte", bekannte sie, als sie sich für die Zeitschrift *Salon* an diese Zeiten zurückerinnerte. „Ich denke nicht, dass ich eine vorwitzige Alleswisserin war. Ich hatte einen krankhaften Ehrgeiz, gute Schulnoten zu bekommen, doch das war nur die Maske vor meiner riesengroßen Unsicherheit. Ich glaube, das gibt es ganz oft bei ziemlich unscheinbaren jungen Mädchen. Ich möchte auf keinen Fall zurück und die Kindheit noch einmal erleben. In meiner Erinnerung ist das alles andere als eine Zeit ungetrübten Glücks gewesen."

Sie war die Neue in der Klasse, und nun musste sie auch noch mit der peinlichen Situation fertig werden, dass man sie für die Blöde in der Klasse hielt. Aber diesen Eindruck konnte Joanne bald korrigieren.

Sie büffelte hart und schaffte es, sich einen kleinen, aber treuen Freundeskreis aufzubauen. Englisch war natürlich ihr bestes Fach. Obwohl sie in jedem freien Augenblick nach wie vor Fantasiegeschichten schrieb, fühlte sie sich doch nicht selbstbewusst genug, um sie mit irgendjemand zu teilen – ausgenommen Di und ein, zwei wirklich enge Freunde. Joanne war wild entschlossen, ihrer Lehrerin zu beweisen, dass sie sich geirrt hatte. Am Ende des Schuljahres hatte sie Mrs. Morgan davon überzeugt, dass sie nicht zu den Dummen gehörte. Eines Tages wurde sie für ihre Mühen belohnt: Die Lehrerin erlaubte ihr, zur linken Seite des Klassenzimmers umzuziehen. Joanne erinnerte sich mit gemischten Gefühlen an diese Beförderung.

„Ich war in die zweite Reihe von links befördert worden. Aber dieser Schritt nach oben hatte seinen Preis: Mrs. Morgan ließ mich mit meiner besten Freundin den Platz tauschen. So wurde ich während dieser wenigen Schritte durch das Klassenzimmer gleichzeitig für klug erklärt und völlig unbeliebt“, erklärt sie auf ihrer Website.

Joanne wurde bald wieder beliebt in der Klasse und legte ihre Grundschulzeit ohne weitere Zwischenfälle zurück. Ihre Schulnoten blieben ziemlich gut. Sie war immer noch furchtbar schüchtern und hatte nur sehr wenige enge Freunde. Das Schreiben war weiterhin ihre große Leidenschaft.

Ganz gleich, wie viel sie zu tun hatte, sie fand immer eine ruhige Minute oder Viertelstunde, um ihrer Fantasie freien Lauf zu lassen. Ihre Geschichten wimmelten nur so vor magischen und lustigen Figuren mit noch lustigeren Namen, und sie waren immer der besondere Höhepunkt im Spiel mit ihrer kleinen Schwester. Das Lob, das Joanne von Di und von ihren Eltern einheimste, überzeugte sie, so jung sie auch war, dass sie eines Tages eine bedeutende Schriftstellerin sein und ein wunderbares, märchenhaftes Leben führen würde.

Joanne beendete die Grundschule Tutshill und machte sich schon bald auf den Weg in die Gesamtschule Wyedean, wo sie die Mittel- und Oberstufe absolvierte. Das Selbstbewusstsein und das positive Bild von sich und ihren Fähigkeiten, um das Joanne in der Grundschule so erfolgreich gekämpft hatte, ging ihr in ihrem ersten Jahr an der Gesamtschule Wyedean völlig verloren.

Ihr wurde ganz flau im Magen bei dem bloßen Gedanken, mit älteren Kindern in die Schule zu gehen. Außerdem war sie in der Pubertät und fühlte sich ohnehin ziemlich unsicher. Dass sie eine Brille trug, machte die Sache auch nicht gerade einfacher. „Ich war ein stilles, kurzsichtiges Mädchen mit Sommersprossen, das eine Niete im Sport war", sagte sie einmal.

Aber auch in Wyedean fand Joanne ihr Eckchen. Schließlich entdeckte sie andere Mädchen, die ihr ganz ähnlich waren – still, gescheit und nicht gerade beliebt – und schloss sich dieser Gruppe an. Sie hatte gute Noten, und ihre Lieblingsfächer waren Englisch und Fremdsprachen.

Langsam mauserte sich das Küken jedoch in Wyedean. Joanne schrieb immer noch und hatte endlich genug Selbstvertrauen, um wieder alles zu riskieren und ihren neuen Freundinnen ein paar von ihren Geschichten vorzulesen. Denen gefielen diese Erzählungen, und so wurde daraus eine regelmäßige Lesestunde, in der Joanne ihre neuesten Werke vortrug.

„Ich habe meinen gleichfalls stillen und fleißigen Freundinnen in der Mittagspause lange Fortsetzungsromane erzählt“, schrieb sie in einem Essay. „Meistens ging es darum, dass wir alle mutige Heldentaten vollbrachten, die wir im wirklichen Leben niemals gewagt hätten.“

Joanne durchlief ihre Jahre in der Gesamtschule mit relativ wenigen aufregenden Zwischenfällen. Einmal brach sie sich peinlicherweise ausgerechnet beim Netzball, einem Spiel ohne jeden Körperkontakt mit dem gegnerischen Team, den Arm. Aber einmal war sie auch die Heldin der Schule, als sie von der raubeinigsten Klassenkameradin attackiert wurde. Später erinnerte sie sich daran, dass sie sicherlich damals lieber weggelaufen wäre als dieser Gegnerin entgegenzutreten und zu kämpfen. Aber genau das tat sie schließlich.

„Ich hatte keine andere Wahl“, meinte sie einmal. „Entweder musste ich zurückschlagen oder mich flach hinlegen und toter Mann spielen.

Ein paar Tage lang war ich ziemlich berühmt, denn sie hatte es nicht geschafft, mich umzuschmeißen und platt zu machen. Tatsächlich stand ich mit dem Rücken an mein Spind gepresst, und das hat mich aufrecht gehalten."

Leider dauerte Joannes neuer Ruhm als zähe Kämpferin nicht lange an. Bald wurde sie wieder ängstlich und schaute wochenlang immer erst nervös um die Ecke, in der ständigen Angst, dass jemand im Hinterhalt auf sie lauern könnte.

In den letzten Klassen der Gesamtschule ging Joanne langsam immer mehr aus sich heraus. Ihr Selbstbewusstsein wuchs, und sie meldete sich in der Klasse öfter einmal zu Wort und war auch in außerschulischen Gesprächen und Aktivitäten selbstsicherer geworden. Immer noch war sie alles andere als athletisch, hatte aber viel mehr Kontakt zu den anderen Mädchen. Das lag, wie sie später berichtete, zum Teil daran, dass sie inzwischen statt der Brille Kontaktlinsen trug und weniger Angst davor hatte, dass ihr jemand ins Gesicht schlug.

Tatsächlich berichtete Joanne selbst davon, dass es ihr in den Teenagerjahren zunehmend besser ging. Sie hatte das Gefühl, persönlich und sozial immer besser zurechtzukommen und endlich die allerwichtigste Tatsache begriffen zu haben, dass nämlich Joanne Kathleen Rowling mehr zu bieten hatte, als nur ständig allen alles Recht zu machen. Plötzlich fühlte sich Joanne sehr wohl in ihrer Haut. Wie die meisten normalen Teenager fühlte auch sie sich immer unabhängiger. Das führte natürlich zu dem einen oder anderen Krach mit den Eltern, normalerweise kurze Streitereien über Nichtigkeiten. Wenn sie ihrer kleinen Schwester nicht bei den Hausarbeiten half, benutzte sie die kleine Di immer noch als das erste kritische Publikum, dem sie ihre vielen Geschichten zu Gehör brachte. Denn Geschichten schrieb sie natürlich immer noch. Die zweite Gruppe, der sie dann die Werke vortrug, waren ihre Freundinnen in der Schule.

Obwohl viele Lehrer ihre Fähigkeiten erkannten und sie ermunterten, ihre kreative Ader auszuleben, blieb das Schreiben doch ihre Privatsache. Die Geschichten, die sie bereit war, mit anderen zu teilen, waren oft die Erzählungen über Abenteuer, in denen sie und ihre Freundinnen kaum verändert als Personen in waghalsigen Schauergeschichten auftauchten.

Ihre anderen Geschichten, die sie als intimer empfand, zeigte sie niemandem. Es waren

Geschichten, bei denen sie das Gefühl hatte, so würde eine wirkliche Schriftstellerin schreiben. Und sie war noch nicht bereit, Außenstehende in diesen Bereich ihres kreativen Lebens vordringen zu lassen.

Joannes Liebe zum Lesen entwickelte sich ebenfalls prächtig. Sie hatte schon lange angefangen, Biografien zu lesen. Ein besonderer Schwarm war die Autorin Jessica Mitford, eine Feministin, die im Alter von neunzehn Jahren von zu Hause weglief und im Spanischen Bürgerkrieg mitkämpfte und die ihr Leben lang eine leidenschaftliche Kämpferin für die Menschenrechte war. „Ich erinnere mich noch, wie ich mit vierzehn das Buch *Hons and Rebels* (Ehrenwerte und Rebellen) gelesen habe, und wie es mein Leben auf immer verändert hat."

Joanne war im letzten Jahr in der Gesamtschule Wyedean eine sehr selbstbewusste Schülerin. Sie war beliebt und kontaktfreudig, und ihre Noten waren ziemlich gut. So gut, dass man Joanne in ihrem letzten Schuljahr zum Head Girl der ganzen Schule ernannte.

Head Girl, das war ein ehrenvoller, hoher Posten, den alle Mädchen anstrebten. Allerdings war mit diesem Titel nur sehr wenig Verantwortung verbunden. Einmal im Jahr, wenn irgendeine adelige Dame der Schule einen Besuch abstattete, musste das Head Girl diesen Ehrengast durch das jährliche Schulfest führen. Wovor sich Joanne aber am meisten fürchtete, war die Ansprache, die das Head Girl vor der versammelten Schule halten musste. „Ich beschloss, ihnen eine Schallplatte vorzuspielen, damit ich nicht so lange reden musste“, erinnerte sie sich lachend auf einer Website. „Na ja, die Platte hatte einen Sprung, und mitten in dem Stück blieb sie einfach stecken und spielte immer und immer wieder die gleiche Zeile. Schließlich musste die stellvertretende Direktorin auf die Bühne kommen und dem Plattenspieler einen Tritt versetzen.“

Joanne schloss die Gesamtschule Wyedean mit höchsten Ehren ab. Ihre Lehrer sagten ihr nach dem Abitur eine glänzende Zukunft voraus. Die Eltern waren sehr stolz auf sie. Joanne Kathleen Rowling schwieg sich aus, wenn man sie nach ihren Zukunftsplänen fragte. Tief im innersten Herzen wusste sie, was sie mit ihrem Leben machen wollte. Sie hatte ihre eigenen Hoffnungen und Träume.

Jetzt musste sie nur noch herausfinden, wie sie diese Träume in die Tat umsetzen konnte.

4

LEKTIONEN DES LEBENS

Joanne wollte schreiben. Aber da sie, wie sie selbst zugibt, „die chaotischste Person der ganzen weiten Welt" ist, wusste sie nicht recht, wie sie das anstellen sollte. Also schrieb sie etwas, las es durch und fand normalerweise an ihrer eigenen Arbeit so viel auszusetzen, dass sie alles zusammenknüllte und wegwarf. Sogar wenn sie mit einer Geschichte zufrieden war, blieb das Glück doch immer ihr eigenes, ganz privates Glück.

Sie besaß Pappschachteln und Mappen voller Kurzgeschichten, hatte aber nicht den leisesten Schimmer, was man tun musste, um diese Arbeiten zu veröffentlichen. Sie wusste zwar, dass Zeitschriften immer wieder solche Geschichten kaufen und abdrucken, brachte es aber nie fertig, einmal selbst eine einzuschicken. Außerdem schreckte ihre alte Angst sie, sobald sie doch einmal mit dem Gedanken spielte, gleich wieder ab, ließ sie die bloße Vorstellung, dass andere Leute ihre Arbeiten beurteilen würden, einen Rückzieher machen.

Joanne war also wie viele andere Achtzehnjährige: Sie hatte ganz bestimmte Vorstellungen, aber ihr fehlte der Mut, diese Vorstellungen auch zu verwirklichen. Auf diesen Charakterzug war Joanne nicht besonders stolz, und oft tadelte sie sich, weil sie zu feige war, ihre Grenzen weiter zu stecken. In Wirklichkeit war Joanne Kathleen Rowling einfach noch nicht so weit, es mit der großen weiten Welt aufzunehmen.

Weil sie frustriert darüber war, dass sie den nächsten großen Schritt in ihrer Schriftstellerkarriere nicht zu machen wagte, ließ sie sich leicht von anderen beeinflussen. Also nahm sie bereitwillig die Ratschläge ihrer Eltern an.

Peter und Ann, die Joanne nicht in ihre ehrgeizigen Schriftstellerpläne eingeweiht hatte, registrierten schon lange mit großer Verwunderung und Sorge, dass ihre älteste Tochter nicht so recht zu wissen schien, wie ihre Zukunft aussehen sollte. Die Eltern hatten immer wieder den Vorschlag gemacht, da sie die Sprachen so sehr mochte, sie solle doch Französisch und Literatur studieren, wonach ihr die atemberaubende Karriere einer Fremdsprachensekretärin offen stand. Und mit ihren guten Noten, meinten sie, sei doch Exeter genau die richtige Universität für Joanne.

Joannes Herz hing am Schreiben, und sie hatte das Gefühl, jede andere Berufswahl wäre eine Fehlentscheidung. Da sie aber eine gehorsame Tochter war, nahm sie zögerlich den Rat ihrer Eltern an und schrieb sich schon bald an der Universität Exeter ein.

Zu dieser Entscheidung des Teenagers hatten ganz erheblich auch Berichte beigetragen, in denen Exeter als liberale Universität geschildert wurde, wo man unkonventionelles Denken groß schrieb. Joanne dachte sich, dass sie dort dann zumindest viele Anregungen finden würde, die ihre wahre Leidenschaft, das Schreiben, fördern könnten. Tatsächlich musste sie aber schon nach kurzer Zeit feststellen, dass Exeter in Wirklichkeit ziemlich konservativ war und man dort außerordentlich starr an konventionellem

Gedankengut festhielt. „Die Uni war fantastisch“, erzählte sie später einem Reporter, „aber ich hatte dort nicht gerade die Möglichkeit, so radikal zu sein, wie ich das eigentlich vorgehabt hatte.“

Joannes Jahre in Exeter waren sehr produktiv. Sie merkte bald, dass sie mit Französisch kaum Schwierigkeiten hatte und die Sprache leicht meisterte. Ein wichtiger Teil ihrer Ausbildung war ein Jahr, das sie in Paris verbrachte, um dort die französische Sprache auch in der Praxis anwenden zu lernen. Joanne fand dieses Auslandsjahr herrlich und belebend.

Sie schaute sich alle Sehenswürdigkeiten an und freute sich immer wieder darüber, dass sie zum ersten Mal in ihrem Leben ohne ihre Familie in einem anderen Land lebte. In jenem Jahr in Paris wurde sie erwachsen. Als sie nach Exeter zurückkehrte, war Joanne Kathleen Rowling sicher, dass sie sich in der Welt zurecht finden würde. Während dieser Zeit hatte sie auch ihre erste ernsthafte Beziehung. Verliebt zu sein und jemanden zu haben, der sie mochte und sich um sie bemühte, das war für Joanne eine große Sache. Sie genoss es, dass sie, die attraktive und gescheite junge Frau, die Liebe eines wunderbaren jungen Mannes gewonnen hatte.

Natürlich verbrachte sie immer noch jede freie Sekunde mit Schreiben. Es entstanden die üblichen Kurzgeschichten, die wieder nur einer Hand voll auserlesener Zuhörer vorgestellt wurden. Sie machte sich auch an einen Roman. Aber während sie in anderen Gebieten durchaus ein gesundes Selbstbewusstsein hatte, weigerte sich Joanne immer noch hartnäckig, ihre Geschichten an einen Verlag einzuschicken, winkte jedesmal ab, wenn irgendjemand meinte, ihre Geschichten seien gut genug und sie solle endlich einmal eine einschicken.

Dieser Mangel an Selbstbewusstsein auf dem Gebiet, das ihr am allermeisten am Herzen lag, verfolgte sie Tag und Nacht. Im tiefsten Herzen wusste Joanne, dass es höchste Zeit war, diese Fessel abzuwerfen. Leider waren in ihren Gedanken die Ängste und Unsicherheiten immer noch fest verwurzelt. Also unternahm sie in dieser Richtung weiterhin rein gar nichts.

Joanne legte an der Universität Exeter ein sehr gutes Examen ab, und wie das so oft geschieht, verloren sie und ihr Freund sich nach dem Studium ganz allmählich aus den Augen. Aber Joanne hatte gar nicht viel Zeit, sich dem Kummer über diese verlorene Liebe hinzugeben. Sie hatte schon bald die ersten Vorstellungsgespräche.

Sich schick anziehen und sich bei Vorstellungsgesprächen zu präsentieren, das war der jungen Frau alles andere als angenehm. Es erschien ihr wie ein dummes, unnützes Spiel. Und sie fühlte sich völlig unzulänglich und ganz so, als wäre sie wieder das unsichere kleine Mädchen. Außerdem wollte sie diese Jobs ja nicht wirklich machen, sie wollte schreiben, herrliche, wunderbare Geschichten schreiben, die veröffentlicht werden würden, und dann könnte sie weiter schreiben und in alle Ewigkeit glücklich und zufrieden leben. Aber da sie das Risiko nicht eingehen wollte, das ihr den ersten Schritt zum Gipfel des Ruhms möglich machen würde, musste sich Joanne eben fürs erste mit der wirklichen Welt zufrieden geben.

Die nächsten sechs Jahre waren ein harter Einführungskurs in das oft langweilige Leben des Arbeitsalltags. Joanne hatte eine ganze Reihe verschiedener Jobs. So verbrachte sie zum Beispiel zwei Jahre damit, für Amnesty International Nachforschungen anzustellen. Sie hatte zwar das Gefühl, hier wirklich eine wichtige Aufgabe zu erfüllen, die ihr großes Vorbild Jessica Mitford sicher gut heißen würde, aber die Arbeit selbst wurde schnell vorhersehbar und langweilig, und das waren zwei Dinge, die Joanna einfach nicht ausstehen konnte.

Hauptsächlich hatte sie eine schier endlos scheinende Reihe von langweiligen Stellen als Sekretärin. Die Arbeit interessierte sie nicht im geringsten, und sie verdiente auch nicht viel. Sie gab außerdem stets bereitwillig zu: „Ich stellte mich schon bald als die schlechteste Sekretärin aller Zeiten heraus".

Sie schien in Gedanken immer woanders zu sein. „Was ich auch für eine Stelle hatte, ich habe immer wie eine Besessene geschrieben", erklärte sie einmal. „Das einzige, was ich an diesen Bürojobs mochte, war, dass ich meine Geschichten auf dem Computer tippen konnte, wenn es niemand sah. Ich habe bei Besprechungen nie besonders gut aufgepasst, denn normalerweise habe ich mir immer auf dem Rand meines Schreibblocks Notizen gemacht, kleine Ideen für meine neuesten Geschichten festgehalten, neue Namen für meine Personen notiert und so weiter. Das gibt allerdings ziemliche Probleme, wenn man eigentlich das Protokoll der Besprechung schreiben sollte."

Es versteht sich von selbst, dass Joannes Arbeitgeber die Stirne runzelten, wenn sie während der Arbeitszeit Fantasiegeschichten auf dem Computer tippte, und so kündigte man ihr denn auch bei einigen Arbeitsstellen. Aber meistens bekam Joanne irgendwann die Arbeit, die sie hasste, satt und kündigte schließlich. Inzwischen war sie schon Mitte zwanzig und trieb auf den Wellen wie ein Boot ohne Steuerruder.

Joannes Eltern unterstützten sie, sorgten sich aber sehr, weil ihre ältere Tochter ihren Platz im Leben nicht so recht zu finden schien. Der einzige Trost in dieser ansonsten tristen grauen Welt waren für Joanne ihre Geschichten.

„Ich habe viele Kurzgeschichten geschrieben und einen ganzen Haufen Romane angefangen und wieder verworfen", erzählte sie der Zeitschrift *School Library Journal* über diese Zeit in ihrem Leben." Ich hatte das Gefühl, dass ich wirklich hart arbeitete und meine Lehrzeit als Schriftstellerin nun hinter mir hatte." Es trug nicht gerade zu ihrem Selbstrespekt bei, dass auch diese Werke unweigerlich wieder in den Pappschachteln verschwanden, in denen schon all die Kurzgeschichten verstaubten, die nie das Licht des Tages erblickt hatten.

Leider kam also bei all der Schufterei immer noch nicht sehr viel heraus. Folglich suchte Joanne halbherzig schon wieder eine neue Stelle. Diesmal fand sie Arbeit als Bürokraft in der Industrie- und Handelskammer von Manchester.

Joanne hatte noch einen anderen Grund, der sie nach Manchester lockte. Sie hatte einen Brief von ihrem Freund aus Uni-Zeiten in Exeter bekommen, der ihr schrieb, dass er sie gerne wiedersehen würde. Die Arbeit in der Kammer war genauso langweilig und geistlos wie alle anderen Bürojobs zuvor, aber diesmal wollte sie durchhalten.

Joanne nahm sich natürlich auch Zeit für ihren alten Freund, aber sie schrieb fleißig und gewissenhaft weiter. Mittags ging sie in eines der in der Nähe gelegenen Cafés oder in einen Pub, ließ sich an einem Tisch nieder, der weit ab vom Schuss stand und schrieb. Sie war zwar durchaus gesellig, aber sie hoffte immer inständig, dass niemand im Büro Geburtstag hatte oder sonst etwas zu feiern war, damit sie nicht bei der Party herumstehen musste und wertvolle Schreibzeit verlor.

Joanne genoss das Pendeln zwischen ihrem Zuhause in London und Manchester als Zeit, die sie ganz für sich hatte. Oft las sie im Zug, um sich die Zeit zu vertreiben, arbeitete an ihrer letzten Geschichte oder schaute einfach zum Fenster hinaus, während draußen die Landschaft vorüberflitzte. Eines Tages fuhr sie nach einem wie gewöhnlich wenig zufriedenstellenden Tag nach London zurück, als der Zug plötzlich stehen blieb.

Es sei irgendein technischer Defekt aufgetreten, verkündete der Lautsprecher, und die Reparatur würde ungefähr vier Stunden dauern. Normalerweise wäre das eine ideale Situation zum Arbeiten gewesen. Aber Joanne war zu müde, um zu lesen oder zu schreiben. Sie wandte ihre Aufmerksamkeit also einer Kuhherde zu, die draußen vor ihr auf einer Wiese graste.

Sie ahnte noch nicht, dass sich in den nächsten Minuten ihre Leben radikal verändern würde. „Ich saß im Zug, starrte einfach nur aus dem Fenster und schaute auf diese Kühe. Es war als Situation nicht gerade inspirierend. Doch plötzlich tauchte die Idee für Harry aus dem Nichts in meinem Kopf auf. Ich kann nicht sagen, warum, weiß auch nicht, was der Auslöser war. Aber auf einmal sah ich ganz klar vor meinem inneren Auge die Idee von Harry und dem Zauberinternat. Ich hatte plötzlich diese Vorstellung von dem

Jungen, der nicht wusste, dass er ein Zauberer war", erzählte sie in einem Gespräch mit dem *School Library Journal.*

Joanne war völlig fasziniert von dieser Vision. Sie wollte sofort nach Papier und Bleistift greifen, um sich ihre Gedanken zu notieren. Leider hatte sie weder das eine noch das andere dabei. So musste sie sich auf ihr Gedächtnis verlassen und saß ganz ruhig da und spielte einfach in Gedanken die verschiedenen Möglichkeiten der Geschichte durch, ließ sich verschiedene Figuren und viele komische Namen durch den Kopf gehen.

Als der Zug im Londoner Bahnhof King's Cross einlief, stand das Grundgerüst der ersten Harry-Potter-Geschichte. In den nächsten paar Wochen und Monaten verbrachte Joanne jede freie Minute damit, Ideen und Geschichten niederzuschreiben, in denen es immer um diesen kleinen Jungen und seine Abenteuer in einer Welt ging, in der die Zauberkraft regierte. Ziemlich bald füllten die Harry-Potter-Manuskripte eine eigene Pappschachtel, wenig später schon mehrere.

Joanne arbeitete weiter bei der Industrie- und Handelskammer von Manchester, nutzte aber jede Möglichkeit vor, während und nach der Arbeit, um ein klares Handlungsgerüst für das erste Harry-Potter-Buch zu konstruieren. In kürzester Zeit erfand sie den Waisenjungen Harry, der bei seiner grausamen Familie lebt, von einer Tante und einem Onkel aufgezogen wird, und der, nachdem er erfahren hat, dass er ein Zauberer ist, gleich in ein Zauberinternat namens Hogwarts kommt.

Oft musste Joanne lächeln, während sie sich Abenteuer für Harry ausdachte oder ungewöhnliche Namen für die Figuren erfand, die in seiner Welt leben sollten. Ihre gesamte Lebenseinstellung wurde positiver, nachdem Harry sie inspiriert hatte. Die Eltern und die Schwester bemerkten die Veränderung, ahnten aber nicht, wodurch sie bewirkt worden war. Joanne deutete zwar ab und zu an, dass sie an etwas Neuem arbeitete, verriet aber nie Genaueres. Sie hatte das Gefühl, dass sie den Zauber brechen würde, wenn sie zu viel preisgab.

Joanne Kathleen Rowling dachte also eigentlich bereits wie jemand, der in Harry Potters Zauberwelt lebt.

Die glückliche Zeit sollte für Joanne jedoch schon bald ein jähes Ende nehmen. Ihre Mutter, bei der man im vergangenen Jahr eine Multiple Sklerose festgestellt hatte, starb plötzlich im Alter von nur fünfundvierzig Jahren.

Joanne war außer sich. Sie hatte sehr wohl gewusst, dass ihre Mutter krank war, hatte aber keine Ahnung gehabt, dass die Multiple Sklerose sie so schnell dahinraffen würde, und sie fühlte sich schuldig, weil sie in ihrer Todesstunde nicht bei ihr gewesen war. Am meisten bedauerte sie aber, dass sie ihrer Mutter nie auch nur ein Wort von Harry zu lesen gegeben hatte.

Traurig und verstört wie sie war, konnte sich die junge Frau nur schwer auf die Arbeit konzentrieren, und schon kurz darauf verlor sie auch ihren Job bei der Industrie- und Handelskammer von Manchester.

„Es war ein Alptraum", seufzte Joanne. Wie sie der Zeitschrift *People* erzählte, konnte sie diese Zeit nur mit Harrys Hilfe durchstehen.

5

HARRY KOMMT ZUR WELT

Joanne durchlebte einen Sturm der Gefühle. Sie war gerade sechsundzwanzig Jahre alt geworden. Wieder einmal war sie arbeitslos. Die Beziehung zu ihrem Freund schien keinerlei Perspektive für die Zukunft zu haben. Und sie war ständig traurig, weil ihre Mutter gestorben war.

Die einzige wirkliche Freude in ihrem Leben war Harry Potter.

Sie hatte begonnen, eifrig und konzentriert an dem Buch zu arbeiten. Die Pappschachteln platzten aus allen Nähten, so viele Ideen, Namen und Teilgeschichten hatte Joanne dort hineingestopft. Sie war sich ganz sicher, dass das, was sie aufgeschrieben hatte, gut war, und spielte nun ernsthaft mit dem Gedanken, einen richtigen Roman zu diesem Thema zu verfassen. Aber sie war immer noch hin und her gerissen zwischen dem Traum, ihr Leben nur noch dem Schreiben zu widmen, und den Schuldgefühlen, die sie verspürte, weil sie nicht so wie alle anderen war.

Joanne überlegte lang und gründlich, worum es ihr im Leben ging und was sie mit ihrem Leben anfangen wollte. Eine der schönsten und glücklichsten Zeiten, an die sie dabei immer wieder zurückdachte, war das Jahr in Paris, als sie dort Assistenzlehrerin war. Das hatte ihr ungeheuer viel Spaß gemacht, und vielleicht wäre ein solcher Job wieder das Richtige für sie. Jedenfalls überlegte sie, sie müsse unbedingt etwas Konstruktives mit ihrem Leben anfangen.

Joannes Traum, im Ausland zu unterrichten, gewann schließlich die Oberhand. Im September 1990 verkündete sie ihrer Familie und ihren Freunden, dass sie sich nicht mehr mit Hilfsjobs in Büros zufrieden geben würde, und schon bald akzeptierte sie das Angebot, in einer Schule in der

HARRY
POTTER
and the Goblet of Fire

GRYFFINDOR
Cover To Cover
SAN FRANCISCO
RAVEN CLAW

Joanne K. Rowling
HARRY POTTER
UND DER GEFANGENE VON ASKABAN

ONE
PARENT
FAMILIES

Women
of the Year
Winners

Potter

Stadt Porto im Norden Portugals Englisch als Fremdsprache zu unterrichten. Für Joanne war die Aussicht darauf, so weit weg von Zuhause zu arbeiten, gleichzeitig Furcht erregend und begeisternd. Aber sie hatte auch das Gefühl, dass sie nur fern von Freunden und Familie schließlich zu sich selbst finden würde.

Also packte sie die Koffer, von denen viele Notizen und Skizzen zu Harry enthielten, verabschiedete sich tränenreich von Schwester und Vater und versprach, regelmäßig zu schreiben. Ehe sie sich's versah, war sie schon unterwegs in den sonnigen Süden.

Sie hatte zwar Heimweh, aber sie lebte sich in Portugal schnell ein. Sie fand sofort eine gemütliche Wohnung und lernte bald Land und Leute und Sitten kennen. Sie bummelte liebend gern durch die idyllischen Straßen, sah sich die Schaufenster an und versuchte (nicht gerade erfolgreich), sich mit der portugiesischen Delikatesse Kutteln anzufreunden. Die Menschen waren freundlich, und es war immer warm und sonnig, ein echtes Kontrastprogramm zum düsteren, kalten London. Nach einer Weile verflog ihr Heimweh, und Joanne gewöhnte sich an das neue Leben als Lehrerin.

Joannes Schülerinnen und Schüler mochten sie sofort. Wenn sie sich nicht über ihren Namen lustig machten und sie „Rolling Stone“ nannten, saßen sie mucksmäuschenstill und konzentriert da, während Joanne ihnen die Kunst des Englischsprechens beibrachte. Die in den Süden verpflanzte Londonerin war sehr zufrieden mit den Fortschritten, die ihre Klassen machten, und stolz auf die guten Noten, die sie selbst als Lehrerin von ihren Vorgesetzten in der Schule bekam. Sie freute sich auch darüber, dass ihr der Stundenplan noch Zeit zum Schreiben ließ. „Ich habe nachmittags und abends unterrichtet“, berichtete sie, „und so hatte ich morgens immer Zeit zum Schreiben.“

Harry und seine Abenteuer im Zauberinternat nahmen langsam aber sicher Gestalt an. Als sie die ersten Seiten des Romans schrieb, spürte Joanne Rowling eine Welle unglaublicher Freude, aber auch große Anspannung. Sie entdeckte Harry beinahe so, wie Harry seinerseits seine Zauberkräfte entdeckte – in kurzen begeisterten Ausbrüchen, und sie musste oft spontan grinsen, wenn ihr die Wörter nur so aus den Gedanken aufs Papier purzelten. Sie kicherte beim Schreiben, als ihr die Namen Hermine,

Ron, Hagrid und Dumbledore einfielen, Harrys viele fantastischen Freunde, die beinahe sofort unsterblich wurden. Das Benennen der Personen war für sie beim Schreiben von Harry eines der größten Vergnügen. Lange schon hatte sie ungewöhnliche Namen gesammelt und auch selbst sehr eigene Namen erfunden, und oft brach sie in schallendes Gelächter aus, wenn ihr spontan wieder ein Name wie Septimus Snape oder Rita Kimmkorn eingefallen war.

„Dass man über einen Jungen schreibt, dem es gelingt, die Schranken der Erwachsenenwelt zu überwinden und an einen Ort zu gelangen, wo er als Junge große Kräfte hat, das ist schon toll, das hat mir sehr gefallen", gab die Autorin in einem Gespräch mit dem *Boston Globe* zu verstehen, als man sie nach ihren Gefühlen beim Schreiben des ersten Harry-Potter-Buchs befragte. „Das gibt einem immer Spielraum für eine Geschichte, die ihre Leser an einen anderen Ort mitnimmt."

Doch diese Spannung und Erregung mischte sich für die junge Autorin auch oft mit Frustration, wenn sie versuchte, alle Details von Harry und seiner Welt haargenau richtig hinzubekommen. Die Autorin gab zu, dass am Anfang einige Tränen geflossen waren, als sie Harrys Leben als

Waisenjunge in allen Einzelheiten beschrieb und dabei gezwungen war, sich noch einmal mit dem Tod ihrer eigenen Mutter auseinanderzusetzen.

Joanne musste sich auch eingehend mit dem Konzept des Bösen beschäftigen, als sie den abgrundtief üblen Lord Voldemort schuf. Anstatt Bösewichte zu erfinden, wie sie einem in Kinderbüchern oft begegnen – laut, aber nicht wirklich böse –, beschloss sie, das Böse in der Welt Harry Potters wäre nur dann glaubwürdig, wenn es ernsthaft böse war und sich auch auf die Personen spürbar auswirkte, die den Lesern ans Herz gewachsen waren.

Was Joanne aber schließlich das meiste Kopfzerbrechen verursachte, war der Stil, der Ton der Bücher. Von Anfang an war sie hin und her gerissen. Sollte sie ein typisches Kinderbuch schreiben, das seine Leser immer ein wenig herablassend behandelte? Oder sollte sie ein Buch schreiben, das sie auch als Erwachsene gern in die Hand nehmen und lesen würde? Joanne entschied sich für die zweite Variante.

Trotz aller Hindernisse und Probleme, die damit verbunden waren, war doch das Schreiben des Buches für Joanne eine reine Freude und ein Vergnügen. Es half ihr auch über die Einsamkeit hinweg, die sie gelegentlich überkam. Joanne war eine freundliche und offene Person, wenn sie mit ihren Kolleginnen und Kollegen zusammen war, aber Männern gegenüber war sie immer noch unglaublich schüchtern. Obwohl sie in Exeter einen Freund hatte, hielt sie sich nie für besonders hübsch oder attraktiv und hatte sich auch nie allzu viel Sorgen darüber gemacht, dass die Jahre verstrichen und immer noch kein Ehemann und keine Familie am Horizont zu sehen waren.

All das änderte sich schlagartig, als Joanne Kathleen Rowling sich verliebte.

Sie und er hatten sich zufällig kennen gelernt. Er arbeitete als Journalist für einen der führenden portugiesischen Fernsehsender. Joanne, mit hochrotem Kopf wie ein kleines Schulmädchen, hatte sich gleich zu ihm hingezogen gefühlt, zu seinem strahlenden Lächeln und seinem attraktiven, dunklen Aussehen. Als sie sich anfreundeten, stellte sie fest, dass er auch noch gescheit und sensibel war – und dass er sich für sie interessierte. Es war eine stürmische Romanze. Schon wenige Monate nach der ersten Begegnung waren Joanne und der gut aussehende Mann aus Portugal verheiratet.

Die ersten beiden Ehejahre waren eine gute, wenn auch ein wenig hektische Zeit für das junge Paar. Der Ehemann kam wegen seines Berufes oft erst in den frühen Morgenstunden nach Hause, und bei Joannes Stundenplan gelang es den beiden oft nur mit Mühe, ein wenig Zeit für einander zu finden. Trotzdem brachte ihr junges Glück Joanne viel Inspiration, und das wirkte sich auch positiv auf ihre Begeisterung für die Arbeit als Lehrerin und auf den stetigen Fortschritt von Harry Potter aus.

Was als schlichte kleine Geschichte für Kinder angefangen hatte, wurde nun immer mehr in allen Einzelheiten ausgeschmückt. Das Buch, das junge Leser ansprechen sollte, bekam allmählich Tiefen, die auch für Erwachsene interessant sein würden. Die Hauptpersonen begannen zu leben und zu atmen, wurden immer wirklicher; sie waren zwar Kinder, aber sie hatten schwierigere Entscheidungen zu treffen und benahmen sich viel erwachsener als die meisten Personen in den üblichen Kinderbüchern. Also hatte Joanne überhaupt nichts dagegen, dass Harrys Abenteuer in Hogwarts immer weiter wucherten und sich kein Ende abzuzeichnen schien.

1992 merkte Joanne, dass sie schwanger war. Das junge Paar war begeistert, und insgeheim hoffte Joanne, dass die Aussicht auf ein Baby sich auch positiv auf ihre Beziehung auswirken würde, die damals schon stürmische Zeiten durchlebte.

Leider lastete der Druck dieser Ehekrise in Verbindung mit den hormonellen Umstellungen der Schwangerschaft schon bald schwer auf Joanne. Sie hatte den Eindruck, dass ihr Ehemann immer nur bei der Arbeit war und sie nicht so freundlich und liebevoll behandelte, wie sie das in der Anfangszeit empfunden hatte. Oft verfiel sie in tiefe Depressionen. Es gab Tränen. Ihr Mann tat sein Bestes, um sie zu trösten, jedoch ohne Erfolg. Leider konnte auch die Geburt der kleinen Jessica im Jahre 1993 die zerrüttete Ehe nicht mehr retten.

„Ich war sehr deprimiert“, berichtete Joanne in einem britischen Nachrichteninterview über ihre schmerzlichen Erinnerungen. „Und ein neugeborenes Kind im Haus hat das Leben doppelt schwierig gemacht. Ich fühlte mich einfach als Un-Person. Ich war außerordentlich niedergeschlagen und hatte das Gefühl, irgendetwas erreichen zu müssen.“

Innerhalb weniger Wochen waren Joanne und ihr Ehemann geschieden. Sie ist sehr diskret, wenn es um ihre Ehe geht. So weigert sie sich, den Namen ihres Mannes oder den eigentlichen Scheidungsgrund preiszugeben. Sie hat nur angedeutet, dass „ich in diesem Bereich auch meine Fehler gemacht habe. Nur weil man ein gut funktionierendes Gehirn hat, heißt das nicht, dass man seine Hormone besser unter Kontrolle hat als andere."

Nun saß Joanne ganz schön in der Tinte. Sie hatte das Gefühl, es gäbe eigentlich für sie keinen Grund mehr, noch länger in Portugal zu bleiben, wo die Erinnerung an ihre gescheiterte Ehe sie auf Schritt und Tritt verfolgte und wo die Aussichten für eine kürzlich geschiedene Frau mit Kind auch nicht gerade rosig waren. Sie war bereit, wieder nach London zurückzukehren, wenn ihr auch die Vorstellung, als frisch geschiedene, allein erziehende Mutter nach Hause zurückzukehren, nicht gerade Spaß machte. Joanne war in jener Zeit nach der Scheidung sehr still und zurückgezogen. Sie war in jeder nur erdenklichen Art für ihre kleine Tochter da. Aber sie weinte beim geringsten Anlass. Und das Schlimmste war, dass sie kaum je noch an ihrem Buch weiterarbeitete.

Mitten in dieser Depression rief ihre Schwester bei ihr an, die inzwischen auch ziemlich erwachsen war und in Edinburgh in Schottland lebte. Di schlug ihr vor, doch nach Edinburgh zu ziehen, um ihre Familie in der Nähe zu haben, während sie herausfand, was sie als nächstes tun wollte. Joanne nahm den Vorschlag an, packte Jessica und ihre Koffer, in denen sich inzwischen drei Kapitel von *Harry Potter und der Stein der Weisen* befanden, und stieg in den Zug nach Edinburgh. Die Fahrt nach Schottland war endlos lang und einsam. Draußen vor den Fenstern wich der strahlende, südliche Sonnenschein allmählich finsterem, trübseligem Wetter. Joanne merkte, dass dies ihre Stimmung perfekt widerspiegelte.

Obwohl sie glücklich war, wieder in der Nähe ihrer Schwester zu leben, verfiel Joanne, als sie in Edinburgh angekommen war, in nur noch tiefere Verzweiflung. „Ich hatte ein kleines Kind, keinen Job, und ich lebte in einer fremden Stadt", erzählte sie der Zeitschrift *People* von dieser schmerzlichen Erfahrung.

Es waren wahrhaftig nicht die besten Zeiten für allein erziehende Frauen in England und im benachbarten Schottland. Erst einen Monat zuvor hatte der damalige britische Premierminister John Major eine Rede gehalten, in der er allein erziehende Mütter und Väter bezichtigte, faule Nichtstuer zu sein und dem Wohlfahrtsstaat auf der Tasche zu liegen. Joanne fühlte sich durch diese Rede ganz besonders beleidigt. Ja, sie war eine allein erziehende Mutter mit Kind. Aber sie war auch eine Universitätsabsolventin, die jede Menge Talente zu bieten hatte. Sicherlich würde sie es schaffen, sich über Wasser zu halten.

Aber wenn sie mit Jessica in Edinburgh spazieren ging, hatte Joanne oft das Gefühl, dass die fremden Menschen, die ihr begegneten, sie feindselig anstarrten. Es war, als wüssten sie über Joanne Bescheid.

Ein rettender Engel namens Sean sprang in die Bresche und lieh Joanne genug Geld, so dass sie die Mietkaution für „eine miese Wohnung", wie sie es formulierte, zahlen konnte. Nun hatten die beiden ein Dach über dem Kopf, und Joanne stand vor einem Dilemma. Was sollte sie nun tun? Von Herzen gern hätte sie das Harry-Potter-Buch zu Ende geschrieben. Aber die Verwirklichung dieses Traumes war nun komplizierter geworden, denn jetzt gab es ja das kleine Bündel, das friedlich in seiner Wiege schlummerte.

„Ich hatte Angst, dass ich es einfach vor meinem Gewissen nicht rechtfertigen könnte, wenn ich weiterschreiben würde“, erklärte sie dem *School Library Journal*. „Ich dachte, es wäre egoistisch, weiter zu schreiben, wenn ich mit einer anderen Arbeit einen besseren Lebensunterhalt für mich und meine Tochter verdienen könnte. Wenn ich mit meiner Schriftstellerei keine neuen Schuhe kaufen konnte, dann war es nur eine selbstverliebte nutzlose Tätigkeit. Ich betete, dass ich etwas finden würde, das mir genug Geld einbringen und erlauben würde, weiter zu schreiben.“

Weihnachten rückte mit Riesenschritten näher, und die vielen fröhlichen Feiern ringsum schienen Joanne nur noch deprimierter zu machen. Sie hatte kein Geld, um Geschenke für ihre Tochter und die lieben Freunde zu kaufen, die immer für sie da gewesen waren. Joanne beschlich der Gedanke, dass es ein übereilter Entschluss gewesen war, nach Edinburgh zu kommen. Sie machte Pläne, nach Neujahr nach London zurückzugehen und dort einen Job zu suchen.

An einem regnerischen Nachmittag besuchte

sie ihre Schwester und begann, einem spontanen Impuls folgend, ihr die Geschichte von Harry Potter zu erzählen, so wie sie ihr in der Kinderzeit die Geschichten vom Kaninchen Rabbit erzählt hatte. Di war sofort begeistert und drängte ihre Schwester, ihr zu zeigen, was sie bisher geschrieben hatte.

„Es ist durchaus möglich, dass ich alles weggeworfen hätte, wenn Di nicht gelacht hätte", erzählte Joanne dem *Daily Telegraph* über diesen schicksalhaften Augenblick.

„Aber Di hat gelacht."

6

LICHT UND DUNKEL

Das Lachen ihrer Schwester war für Joanne die erste positive Erfahrung seit langer, langer Zeit. Es bestätigte sie in dem Gedanken, dass sie vielleicht mit der Geschichte um Harry Potter auf der richtigen Fährte war. Nun traf Joanne eine Entscheidung, von der sie inständig hoffte, dass sie sich als weise entpuppen würde.

Joanne wusste, dass sie ziemlich problemlos wieder eine Stelle als Lehrerin finden würde. Aber dann würde sie keine Zeit zum Schreiben mehr haben. Schließlich entschied sie sich, innerhalb des nächsten Jahres das Buch zu Ende zu schreiben und dann einen Verlag zu suchen, der es veröffentlichen wollte.

Joanne war klar, dass es, wenn sie diesen Schritt einmal getan hatte, kein Zurück mehr geben würde. Sie machte sich ganz bewusst auf harte Zeiten gefasst. Aber sie hatte begriffen, dass sie jahrelang immer viel zu zögerlich gewesen war, wenn es um ihr Schreiben gegangen war, und dass ihr das überhaupt nichts gebracht hatte. Wenn sie jetzt ihr Herz in beide Hände nahm und etwas riskierte, konnte die Lage eigentlich nicht viel schlimmer werden, als sie ohnehin schon war.

„Ich überlegte mir: ‚Was ist das Schlimmste, das dir passieren könnte?' Alle britischen Verlage könnten das Buch ablehnen. Na und?", erklärte sie dem *Daily Telegraph.* Dieser Gedanke flößte der jungen Mutter viel Kraft und Selbstvertrauen ein. Aber sie hatte den Entschluss nicht leichtfertig getroffen. Nachdem sie sich entschieden hatte, „stand ich mit dem Rücken zur Wand. Ich konnte mir jetzt den Luxus einer Schreibhemmung einfach nicht mehr leisten."

Jeden Gedanken an eine regelmäßige Arbeit während des Schreibens musste sie sofort aufgeben, als sie herausfand, dass ihr zwar Sozialhilfe zustand, aber keine Zuschuss zur Kinderbetreuung. So war Joanne gezwungen, sich arbeitslos zu melden. Später erinnerte sie sich daran, dass sie sich in jener Zeit in einer „schrecklichen Armutsfalle" befunden hatte, aus der es beinahe keinen Ausweg zu geben schien.

Die Beantragung der Sozialhilfe war ein entwürdigender und demoralisierender Vorgang. Wieder einmal warfen ihr fremde Menschen böse Blicke zu, schienen sie als ein verachtenswertes Geschöpf zu betrachten.

„Das war wohl der absolute Tiefpunkt in meinem Leben", gestand sie dem *Boston Globe*. „Ich hatte null Selbstachtung. Ich wollte nicht, dass Jessica so aufwachsen sollte. Sie hat mich zu Höchstleistungen inspiriert, und das Schreiben am Harry-Buch war mein sicherer Hafen."

Schon bald fand Joanne heraus, dass viele ihrer sogenannten Freunde auf einmal nicht mehr für sie da waren. Sie warfen ihr scheele Blicke zu, und die wenigen Gespräche, die noch zustande kamen, waren gezwungen und unbehaglich.

Um so dankbarer war die junge Frau, dass ihre Schwester und eine Hand voll Freunde auch dann noch standhaft zu ihr hielten, als die allgemeine Einstellung in der Stadt zu sein schien, dass Joanne nichts als eine üble Schmarotzerin sei. Wenn sie ein paar Pfund brauchte, um über die Runden zu kommen, waren sie immer für sie da. Wichtiger noch war aber, dass Joanne an den Tagen, wenn sie mit dem Schreiben nicht so voran kam, wie sie sich das wünschte, wenn die kleine Jessica sie ganz schön auf Trab hielt und sie nicht mehr ein noch aus wusste, die Sicherheit hatte, dass es Leute gab, die sich einfach hinsetzen und ihr zuhören würden, wenn sie ihnen ihr Herz ausschüttete.

Die Sozialhilfe reichte gerade für die Miete und das Essen, also musste Joanne gewaltige Anstrengungen unternehmen, um an allen Ecken und Enden Geld zu sparen. An manchem Abend langte das Essen nicht für Mutter und Kind, und Joanne ging mit knurrendem Magen ins Bett. Sie konnte sich nicht einmal eine gebrauchte Schreibmaschine leisten, und erst recht keinen Computer, selbst wenn er noch so altmodisch war. Also sammelte sie Schmierpapier und alle Stifte, die sie finden konnte, und schrieb Harry Potters Abenteuer von Hand auf.

Ein weiteres Problem war ein Ort zum Schreiben. Ihr Wohngeld reichte nur für die Miete einer kalten und sehr deprimierenden Einzimmerwohnung. Kaum ein Ort, der einen zu Höhenflügen der Fantasie inspirieren konnte. Und ganz sicherlich kein Ort, wo Jessica die erste Zeit ihres Lebens verbringen sollte. Die zukünftige Autorin und tapfer kämpfende Mutter überlegte scharf und dachte sich eine geniale Lösung aus, wie sie schreiben und gleichzeitig ihr Kind glücklich machen konnte.

Jeden Tag setzte sie Jessica in die Babytrage und spazierte mit ihr durch die Stadt, bis das Baby eingeschlafen war. Dann setzte sie sich in eines der vielen Cafés in ihrem Viertel, wo sie bei einem Espresso und einem Glas Wasser ein paar Stunden schreiben konnte, während ihre Tochter schlief. Jahre später staunte Joanne Rowling, wieviel Arbeit sie in diesen kurzen Zeiträumen erledigen konnte.

Einer ihrer regelmäßigen Stopps war Nicholson's Café. Dessen Miteigner Dougal McBride erinnerte sich, dass er oft von der Arbeit aufschaute und tatsächlich immer wieder Joanne da an einem Ecktisch sitzen und schreiben sah. „Es war wirklich ein seltsamer Anblick", erzählte er der Zeitschrift *People*. „Mit der einen Hand schaukelte sie den Kinderwagen, mit der anderen schrieb sie."

Gelegentlich war Joanne zu müde oder das Wetter war so scheußlich, dass sie es nicht riskieren wollte, mit Jessica nach draußen zu gehen. Also war sie gezwungen, in der Wohnung zu schreiben. Zu diesen Zeiten dachte sich Joanne, dass es nun wohl wirklich kaum noch schlimmer kommen könnte.

Über all diese harten Zeiten rettete sie jedoch die gute Laune hinweg, die ihr das Schreiben des Romans bereitete. Die Papierstapel wuchsen, und Harry Potter wurde Joannes Ritter in der schimmernden Rüstung, der in der Fantasiewelt all die Ungerechtigkeiten beseitigte, die in Joannes eigenen Welt nicht auszurotten waren. Ihr Blick wurde ganz starr, und ihr Mund war nur noch ein Strich, wenn sie die neuesten teuflischen Untaten des grausigen Lord Voldemort beschrieb. Und dann war da noch der weise alte Dumbledore, der sie mit innerer Freude und Wonne erfüllte, wann immer er in ihrem Manuskript auftauchte.

„Es war mir eigentlich nicht bewusst, dass ich ein Kinderbuch schrieb", erinnerte sie sich in

Newsweek, als sie über ihre Gefühle beim Schreiben des Buches *Harry Potter und der Stein der Weisen* berichtete. „Ich habe das Buch für mich geschrieben. Ich habe aufgeschrieben, was ich lustig fand und was mir gefiel."

Wie sie gehofft hatte, half ihr das Schreiben von *Harry Potter und der Stein der Weisen* geistig und seelisch durch diese schlimme Zeit. Als das Ende des Buches nahte, tauchten alte Zweifel und Ängste wieder auf. Wenn ihr Traum vom Schriftstellerleben in Erfüllung gehen sollte, dann musste Joanne alles auf eine Karte setzen und das Buch an die Verlage schicken, die ohne mit der Wimper zu zucken, all ihre Hoffnungen zerstören könnten.

Nachdem sie einmal beschlossen hatte, dass sich dieses Risiko lohnte, war der nächste Schritt schon vorprogrammiert. Joanne musste herausfinden, wie man es genau anzustellen hatte, ein Manuskript veröffentlicht zu bekommen. Sie hatte gehört, dass man einen Agenten brauchte, damit überhaupt ein Verlag eine Arbeit akzeptierte. Jetzt musste sie sich also auf die Suche nach einem Agenten machen.

Ihr erster Weg führte sie in die Stadtbibliothek, wo sie in einem Handbuch für Autoren Namen und Adressen von Literaturagenten fand. Joanne saß lange über das Buch gebeugt da und stellte sich eine Liste von Agenten zusammen, die ihrer Meinung am ehesten Interesse an ihrem Buch haben könnten.

Harry Potter und der Stein der Weisen wurde Anfang 1994 fertig. Joanne arbeitete das Manuskript noch einmal sorgfältig durch, schrieb es um und gab ihm den letzten Schliff, bis es schließlich genauso war, wie sie es sich vorgestellt hatte. Weil die Kosten für eine Fotokopie des Buches, das inzwischen 80 000 Wörter umfasste, astronomisch hoch waren, tippte Joanne mit der billigen Schreibmaschine, die sie inzwischen aufgetrieben hat, zwei Exemplare ihres Romans.

Dann schickte sie diese Kopien des Manuskriptes an die beiden Agenten, die auf ihrer Liste zuoberst standen, und hoffte das Beste.

1994 sollte den Wendepunkt in Joannes Leben bringen. Sie hatte beim Scottish Arts Council ein Stipendium beantragt und auch bekommen. Sie erhielt nun genug Geld, um für Jessica über Tag eine gute Kinderbetreuung zu bezahlen. Das ermutigte sie, wieder Arbeit zu suchen, und schon bald fand sie eine Stelle als Französischlehrerin an der Leith Academy und später dann am Moray House Training College. Wie sie es sich geschworen hatte, stand Joanne auf den Tag genau ein Jahr, nachdem sie ohne einen Pfennig in der Tasche in Edinburgh angekommen war, finanziell wieder auf eigenen Beinen und musste sich nicht mehr auf die Sozialhilfe verlassen.

Joanne Rowling fühlte sich wie neugeboren.

In ihrer Freizeit bastelte sie immer noch an den Harry-Potter-Geschichten herum und hatte schon bald das Handlungsgerüst für ein zweites Buch zusammen. Entgegen alle Wahrscheinlichkeit hoffte sie, dass ein zweites Buch möglich sein würde. Bisher war allerdings noch nichts passiert, was sie davon hätte überzeugen können, dass diese Hoffnung sich auch wirklich erfüllen würde.

„Ich hatte ehrlich gesagt keine Ahnung, wie das Buch aufgenommen würde“, erklärte sie dem *School Library Journal*. „Oder ob es überhaupt je veröffentlicht werden würde, denn darum hatte ich mich ja noch nie bemüht. Ich wusste, wie schwierig das sein konnte, und ich war zudem eine völlig unbekannte Schriftstellerin.“

Eines Tages kam mit der Post ein Brief. Joanne erkannte sofort, dass er von einer der Agenturen war, an die sie ein Exemplar von Harry geschickt hatte. Sie freute sich riesig über die Antwort. Aber als sie den Umschlag aufriss ...

„Ich bin eigentlich davon ausgegangen, dass es eine Absage sein würde“, erinnerte sie sich im *Daily Telegraph*. „Aber in dem Umschlag steckte ein Brief, in dem stand: ‚Vielen Dank. Wir würden uns sehr freuen, Ihr Manuskript exklusiv zu vertreten.‘ Es war der beste Brief, den ich je in meinem Leben bekommen hatte. Ich habe ihn acht Mal gelesen.“

Christopher Little war ein sehr geschäftsmäßiger, bodenständiger und nüchterner Mensch. Aber dieses unaufgefordert eingesandte Manuskript einer völlig unbekannten Autorin hatte ihn sofort angesprochen. Es war hervorragend geschrieben, die Geschichte war unterhaltsam, und genau wie Joanne hatte er das Gefühl, dass *Harry Potter und der Stein der Weisen* viel mehr als nur ein Kinderbuch war.

Als er Joanne kennen lernte, war Christopher Little zutiefst beeindruckt von ihrer Begeisterung und ihrer Beharrlichkeit, die es ihr auch in widrigen Umständen ermöglicht hatten, das Buch zu Ende zu schreiben. Er mochte ihre nüchterne Einschätzung der Situation. Aus Erfahrung wusste Little, dass die meisten Kinderbuchautoren nur mit Mühe auf ein Einkommen von etwa 2000 Pfund (zirka 6500 DM) pro Jahr kommen und selten berühmt werden.

„Als ich ihn darauf ansprach, sagte mein Agent mir: ‚Ich möchte nicht, dass Sie nach diesem Gespräch nach Hause gehen und sich Illusionen machen, dass Sie ein Vermögen verdienen werden'", berichtete sie dem *School Library Journal.* „Ich habe ihm geantwortet: ‚Ich weiß, dass ich damit kein Geld verdienen werde. Und ich weiß, dass ich damit nicht berühmt werde.' Ich wollte doch nur, dass jemand Harry druckt und ich das Buch in den Buchläden anschauen konnte."

Mr. Little schickte *Harry Potter und der Stein der Weisen* an einige der größten britischen Verlage. Wie er es vorhergesagt hatte, war es noch ein langer, steiniger Weg bis zur Veröffentlichung. Es dauerte nicht lang, bis eine scheinbar endlose Reihe von Ablehnungen auf dem Schreibtisch des Agenten landete. Manche begründeten ihre Ablehnung damit, das Buch sei zu lang, zu langsam oder zu literarisch. Joanne war enttäuscht, tröstete sich aber damit, dass Mr. Little ihr versichert hatte, das Buch sei zu gut, um nicht irgendwann einmal von einem Verlag akzeptiert zu werden.

Joanne ging also weiter ihrem Leben als Mutter und Lehrerin nach und versuchte, den unangenehmen Gedanken an die ablehnende Haltung der Verlage in Sachen Harry zu verdrängen. Im ganzen nächsten Jahr ertappte sie sich oft bei Tagträumen, in denen sie ihr Buch in der Auslage des Buchladens um die Ecke liegen sah. Dann lächelte sie still vor sich hin, wenn sie an die Ereignisse in ihrem Leben dachte, die sie bis zu diesem Augenblick gebracht hatten.

1996 fand *Harry Potter und der Stein der Weisen* endlich ein Zuhause bei dem britischen Verlag *Bloomsbury Press.* Joanne war außer sich vor Freude, als sie die Nachricht erhielt. „Das einzige vergleichbare Ereignis in meinem Leben war die Geburt meiner Tochter." Wie Mr. Little vorhergesagt hatte, bot *Bloomsbury Press* die bescheidene Summe von 2000 Pfund an.

„Das war völlig in Ordnung, was mich betraf", verriet sie einmal, als sie über ihre Reaktion auf die Nachricht sprach, dass *Bloomsbury* Harry drucken wollte. „Ich wollte mich mit meinem Schreiben nur über Wasser halten, damit ich es nicht aufgeben musste."

Wie es im Verlagswesen üblich ist, verbreitete sich jedoch rasend schnell die Nachricht von

Mund zu Mund, *Harry Potter und der Stein des Weisen* sei ein ziemlich gutes Buch. Wenige Monate, nachdem *Bloomsbury* das Buch gekauft hatte, kamen schon Anfragen von Verlagen in aller Welt ins Haus.

1997 hatte das überwältigende Interesse der ganzen Welt an diesem noch nicht veröffentlichten Kinderbuch einer völlig unbekannten Autorin bereits ein solches Ausmaß erreicht, dass während der Buchmesse von Bologna in Italien (einem alljährlichen Treffen von Verlagen, bei dem die Auslandsrechte an Büchern verkauft werden) eine Auktion abgehalten wurde. Joanne war so begeistert, dass man Harry in ihrem Heimatland England drucken wollte, dass sie sich kaum dafür interessierte, was anderswo vor sich ging.

Aber sie musste lachen, als sie sich in der Zeitschrift *Salon* daran erinnerte, wie eines Abends gegen acht Uhr das Telefon klingelte. Ihr Agent rief sie aus New York an.

„Er erzählte mir, dass eine Auktion abgehalten würde. Eine Auktion? Ich überlegte: ‚Bei Christie's? Bei Southeby's? (Berühmte Auktionshäuser, die Antiquitäten und Kunstgegenstände versteigern).' Antiquitäten? Worum geht es hier eigentlich? Dann dämmerte mir, dass hier mein Buch versteigert wurde."

In genau diesem Augenblick war Tausende Kilometer entfernt in einem vor Menschen nur so wimmelnden Raum auf der Buchmesse von Bologna der Herausgeber Arthur A. Levine drauf und dran, das größte Risiko seiner Laufbahn einzugehen. Die Gebote für *Harry Potter und der Stein der Weisen* waren schnell und heftig eingegangen, und die Summen, die für die US-Rechte geboten wurden, hatten bereits astronomische Höhen erreicht. Levine, ein beherzter Mann, der immer ein Lächeln auf den Lippen hatte, würde jeden Augenblick das Gebot abgeben, das sein Leben ändern könnte.

„Es ist ganz schön furchteinflößend, wenn man immer weiter bietet und die Einsätze höher und höher werden", sagte er in der *New York Times.* „Klar, man kann leicht sagen, dieser Erstlingsroman einer unbekannten schottischen Autorin gefällt mir prima und ich möchte ihn herausbringen. Aber wenn dann die Gebote immer höher werden, dann steht das schon auf einem ganz anderen Blatt. Gefällt er mir wirklich so gut? Gefällt er mir für 50 000 Dollar gut? Für 70 000 Dollar?"

Levine machte sich Sorgen, weil er wieder mit dem Bieten an der Reihe war und vor der Entscheidung stand, ob er die unerhörte Summe von 100 000 Dollar nennen sollte. „Ich hatte noch nie zuvor so viel für Rechte bezahlt. Es war ein Wahnsinnsrisiko. Wenn die Leute im Verlag an einen glauben, und dann wird es ein Flopp, dann fällt man ganz schön auf die Nase." Little rief um zehn Uhr am gleichen Abend noch einmal bei Joanne an. „Er sagte mir, ich sollte mich darauf vorbereiten, dass ein Mr. Levine von *Scholastic Press* mir eine sechsstellige Summe für das Buch bieten wollte und dass er gleich bei mir anrufen würde. Ich bin fast gestorben vor Schreck."

Die Spannung in Joannes winziger Edinburgher Wohnung stieg ins Unerträgliche. Sie war völlig begeistert und furchtbar aufgeregt und hatte doch gleichzeitig schreckliche Angst. Sie hatte gehofft, dass, wenn alles ideal liefe, ein bescheidener Deal mit einem US-Verlag es ihr ermöglichen würde, Teilzeit zu arbeiten und zu schreiben. Aber sie machte sich klar, dass die Dinge sich sehr viel rasanter zu entwickeln schienen, als das irgendjemand erwartet hätte.

Um elf Uhr nachts klingelte dann auch prompt das Telefon. Am anderen Ende der Leitung war

Levine wild entschlossen, nicht zu viel Druck auf seine neue Autorin auszuüben. Aber seine Stimme zitterte vor Erregung, als er sie begrüßte.

„Ich habe sehr spät bei ihr angerufen“, erzählte Levine der *New York Times*, „und wir haben uns nett unterhalten. Ich sagte zu ihr: ‚Sie brauchen keine Angst zu haben‘, und sie antwortete mir: ‚Danke. Habe ich.‘ Und wir beide einigten uns, dass wir uns nun, da wir so viel Geld bezahlt hatten, darauf konzentrieren müssten, dass das Buch ein Erfolg würde.“

Lange nach Mitternacht, nachdem sie noch einmal nach ihrer schlafenden Tochter gesehen hatte, ging Joanne endlich zu Bett. „Aber schlafen konnte ich nicht. Einerseits war ich natürlich begeistert“, erzählte sie der Zeitschrift *Salon*. „Aber hauptsächlich war ich einfach starr vor Schreck.“

7

HARRY EROBERT DIE WELT

Joanne hatte allen Grund, in den Wochen nach ihrem großen Vertragsabschluss mit *Scholastic Books* leicht beunruhigt zu sein.

Die Summen, um die es bei dieser Transaktion ging, hatte noch nie jemand für ein Kinderbuch bezahlt. In Verlagskreisen ging das Gerücht um, Arthur Levine und *Scholastic Books* seien nun wohl völlig übergeschnappt. Viele Unker prophezeiten, ganz egal, wie gut das Buch wäre, es könnte in gar keinem Fall so viel einbringen, wie der Verlag mit diesem Riesenvorschuss schon ausgezahlt hatte.

Joannes Agent und Arthur Levine versicherten ihr, dass es bei *Scholastic Books* keineswegs üblich war, ungeheure Summen für Bücher im voraus auf den Tisch zu legen, die sich danach als Flopps erweisen würden. Doch selbst dieses Argument konnte Joanne immer noch nicht ganz überzeugen. Sie machte sich auch noch aus einem anderen Grund Sorgen.

Das Gerücht über diese Autorin, die einen Vorschuss in einer bei Kinderbüchern noch nie da gewesenen Höhe an Land gezogen hatte, war in Windeseile um die ganze Welt gegangen. Die sonst eher schüchterne Frau wurde mit Einladungen zu Interviews und Fototerminen nur so überschüttet. Ihr Bild erschien in allen Zeitungen und Zeitschriften. Und das, ehe das Buch überhaupt in Großbritannien erschienen war.

Wenn es nach ihr gegangen wäre, hätte Joanne Rowling überhaupt keine Werbekampagne für ihr Buch gemacht. Aber sie fühlte sich all denen, die das Risiko eingegangen waren, ihr Buch zu veröffentlichen, zutiefst verpflichtet und sagte also bei allen Anfragen zu.

„Meine Aktien schienen sehr stark gestiegen zu sein“, erzählte sie 1999 einem Interviewer, als sie von den aufregenden Tagen nach dem Vertragsabschluss mit *Scholastic Press* in den Vereinigten Staaten sprach. „Ich habe auf einmal ziemlich viel Medieninteresse auf mich gezogen, auf das ich in keiner Weise vorbereitet war."

Joanne hielt nicht viel von Veränderungen, und der Gedanke, in stickigen Hotelzimmern und Fernsehstudios Interviews zu geben, behagte ihr überhaupt nicht. Als sie anfing, sich mit den Leuten von der Presse zu unterhalten, bestand sie sanft, aber beharrlich darauf, dass man, wenn irgend möglich, die Interviews an ihrem Lieblingstisch im Nicholson's Café abhalten solle.

Während dieser Pressegespräche stand dann stets ein Häuflein Kellner und Kellnerinnen am Rand und lauschte. Sie lächelten, als Joanne den Interviewern erzählte, dass sie genau an diesem Tisch gesessen und unter widrigsten Umständen geschrieben hatte. Viele hatten sie bedient, als sie noch weniger vom Glück begünstigt war. Jetzt waren sie alle mächtig stolz, dass ihr Stammgast eine berühmte Autorin geworden war.

Zunächst fühlte Joanne sich gar nicht wohl, wenn sie interviewt wurde. Ihre Antworten waren manchmal holprig, und sie sorgte sich immer sehr, was sie wohl für einen Eindruck machen würde. Aber sie konnte einfach nicht anders, sie musste offen und ehrlich sein, sollte doch die Presse daraus machen, was sie wollte.

Ein großer Teil dieser frühen Medienberichte drängte Joanne in eine Verteidigungsstellung. In vielen Zeitungsartikeln und Aufsätzen in Zeitschriften zeichneten die Journalisten ein Bild von Joanne, das sie als völlig verarmte, geschiedene, allein erziehende Mutter zeigte, die von der Sozialhilfe lebte und dabei ganz gemütlich in Cafés Romane schrieb. Sie hatte kein Problem mit dem wahren Kern dieser Darstellung. Ja, es stimmte alles. Was sie aber „umgehauen hat", war das negative Bild, das hier von ihr gezeichnet wurde, und die Tatsache, dass sie gezwungen war, sich immer wieder mit einer Zeit auseinanderzusetzen, die sie für eine der traurigsten ihres Lebens hielt.

Joanne rückte die Dinge schnell zurecht und stellte klar, dass sie seit 1990, als sie angefangen hatte, das Harry-Potter-Buch zu schreiben, stets bezahlter Arbeit nachgegangen war und dass sie sich nur gezwungen gesehen hatte, in Edinburgh zunächst von Sozialhilfe zu leben, weil das System ihr keine Möglichkeit einer Kinderbetreuung gegeben hatte. Sie betonte auch immer wieder, dass es sich dabei nur um das eine Jahr gehandelt hatte.

Als *Harry Potter und der Stein der Weisen* in England alle Stadien vor der Veröffentlichung durchlief, stellte Joanne fest, dass sie noch einen weiteren Kompromiss eingehen musste. Der Verlag fürchtete, ein Frauenname auf dem Buchdeckel könnte Jungen davon abhalten, das Buch zu lesen, und fragten Joanne, ob sie damit einverstanden wäre, als J. K. Rowling genannt zu werden. Joanne hielt das für eine ziemlich seltsame Anfrage, sah aber nichts Schlimmes darin, dieser Bitte nachzukommen.

Harry Potter und der Stein der Weisen kam in Großbritannien im Jahre 1997 heraus. Das Buch war sofort ein Megahit. Innerhalb weniger Monate wurden 150 000 Exemplare verkauft. Die Kritiker überschlugen sich in ihrem Lob.

Ein Rezensent schrieb: „Das Buch ist eine uneinnehmbare Festung des frischen, fantasievollen Geschichtenerzählens." In einer anderen Kritik hieß es: „Rowlings Fähigkeit, sogar alltägliche Dinge wie Schulsport, Rivalität unter Schülern und exzentrische Charaktere in einem fantastischen Licht zu zeigen, trägt ganz erheblich zum Witz und Charme und zur puren Wonne ihrer unglaublich fesselnden Geschichte bei." Ende des Jahres hatte *Harry Potter und der Stein der Weisen* eine ganze Reihe von wichtigen Buchpreisen eingeheimst, unter anderem den Nestlé Smarties Prize, den Preis der Federation of Children's Books Group und den Preis Kinderbuch des Jahres der British Book Awards. 1998 wurden insgesamt eine halbe Million Exemplare verkauft, eine Zahl, die noch nie zuvor ein Kinderbuch erreicht hatte.

Joanne war begeistert und ziemlich belustigt darüber, was hier mit Harry geschah. Sie konnte sich keine Antwort auf die Frage denken, die sie als Kind schon oft gestellt hatte. Warum? „Ich glaube, es ist hauptsächlich über Mundpropaganda passiert", meinte sie im Londoner *Guardian* zum Riesenerfolg ihres Buches. „Ich glaube, die Kinder haben einander davon erzählt."

Aber sie musste doch herzlich über die Vorstellung lachen, dass ein Grund für die enormen Verkaufszahlen auch darin lag, dass viele Bücher von Erwachsenen gekauft wurden, die genauso scharf darauf waren, etwas über Harrys Abenteuer zu lesen, wie ihre Kinder. Zum Beispiel erzählt sie, dass ein Freund ihr einmal von einem Mann berichtet hat, der im eleganten Geschäftsanzug im Pendlerzug gesessen war und sein Exemplar von Harry hinter der Zeitung verborgen gelesen hatte.

„Ich hatte mich mit den Büchern nicht ausdrücklich nur an Kinder gewandt“, erzählte sie einmal . „Ich habe sie nur für mich geschrieben.“

Nun kam Geld aus ihrem amerikanischen Vertrag und noch aus acht anderen Ländern ins Haus, und Joanne gewöhnte sich allmählich an den Gedanken, dass sie nicht mehr arm war. Oh nein, es änderte sich nicht alles schlagartig von heute auf morgen. Sie überlegte immer noch lange hin und her, ehe sie sich einen Mantel für 100 Pfund kaufte, um im Fernsehen adrett auszusehen.

Nach dem Erfolg von *Harry Potter und der Stein der Weisen* in Großbritannien sollte nun bald auch die amerikanische Ausgabe herauskommen. Joanne beschloss, es sei an der Zeit, die Armut ein für allemal hinter sich zu lassen. Als erstes mietete sie ein Haus in Edinburgh. Nichts Aufregendes, nur helle, gut geheizte Räume mit bequemen Möbeln. Joanne fühlte sich dort jedoch wie im Himmel, und ihr fielen Zentnerlasten von den Schultern. „Ich musste mir nicht mehr jeden Tag Sorgen machen, ob Jessica aus einem Paar Schuhe herauswuchs, ehe ich das Geld für die nächsten hatte“, seufzte sie, als sie dem *Daily Telegraph* ihre Geschichte erzählte.

Joanne arbeitete bereits hart an der nächsten Folge der Harry-Potter-Geschichten, ehe das erste Buch überhaupt in den Buchläden erschien. Wenn sie nicht in den immer häufiger werdenden Interviews Rede und Antwort stand oder sich mit ihrer Tochter beschäftigte, schrieb Joanne Seite um Seite des neuen Buches, das schließlich *Harry Potter und die Kammer des Schreckens* heißen sollte. Inzwischen konnte sie sich zwar einen Computer leisten, und Jessica war schon so groß, dass sie einen Teil des Tages im Vorschulkindergarten verbrachte, aber an Joannes Schreibgewohnheiten hatte sich nicht viel geändert.

Jeden Tag spazierte sie, nachdem sie ihrer Tochter einen Kuss zum Abschied gegeben hatte, zum Nicholson’s Café hinunter, setzte sich im ersten Stock an einen Fenstertisch, nahm Papier und Kuli aus der Tasche und begann zu schreiben. Als sie das erste Mal hierher kam, nachdem der Verlag das Buch angenommen hatte, stutzte der Kellner, der sie regelmäßig bedient hatte, als es ihr noch jämmerlich schlecht ging, als sie ihn tatsächlich um die Speisekarte bat. Einer der Gründe, warum sie ihre Schreibroutine nicht änderte, war der, dass Joanne sich bei dem Gedanken, ganz allein zu Hause vor dem Computer zu sitzen, sehr einsam fühlte.

„Schreiben und Cafés, das ist in meinem Kopf ganz eng miteinander verbunden“, erklärte sie kürzlich der Presse. „Ich schreibe noch immer alles von Hand. Ich schiebe gerne Papier hin und her.“

Harry Potter und die Kammer des Schreckens war schon beinahe fertig und reif für die Veröffentlichung, als im August 1998 die US-Ausgabe von *Harry Potter und der Stein der Weisen* herauskam. Die britische Potter-Manie wiederholte sich schon bald auch in den Vereinigten Staaten, wo sich Kinder und Erwachsene gleichermaßen in Harry und seine Abenteuer vernarrten.

Kurz nacheinander kamen Ausgaben von Joannes erstem Buch in beinahe dreißig anderen Ländern heraus. Joanne musste immer kichern, wenn sie an die vielen verschiedenen Sprachen dachte und an die manchmal sehr andersartigen Umschläge, mit denen ihr Buch erschien. Jede neue Ausgabe machte sie noch glücklicher.

Die Verlage zu beiden Seiten des Atlantiks waren nun davon überzeugt, dass Harry Potter keine Eintagsfliege war. Also nahm man Joanne schleunigst für insgesamt sieben Harry-Potter-Bücher im Laufe der kommenden Jahre unter Vertrag. Erst war sie darüber ganz glücklich und aufgeregt. Und dann starr vor Schreck.

Praktisch gesehen würde dieser Langzeitvertrag bedeuten, dass sie sich nie wieder materielle Sorgen um sich oder ihre Tochter machen müsste. Aber sie durchlebte trotzdem, wie sie es formulierte, „ein paar Wochen in Angst und Schrecken", in denen sie sich überlegte, ob sie es jetzt, da ihr die ganze Welt auf die Finger schaute, schaffen würde, die restlichen Bücher mit der gleichen Begeisterung zu schreiben.

Um ihre Angst vor einer Schreibhemmung ein wenig zu bannen, setzte sich Joanne hin und skizzierte in groben Zügen die Handlungsgerüste für die restlichen fünf Harry-Potter-Bücher. Sie arbeitete die Handlungsstränge ganz genau aus, ebenso die spezifischen Elemente jedes Abenteuers und die wichtige Botschaft, die sie den jungen und alten Leserinnen und Lesern ihrer Bücher mit auf den Weg geben wollte. Am Ende dieser Planungssitzung war Joanne sich sicher, dass sie es schaffen würde, Harry Potter bis zum Ende seiner Schulausbildung zu begleiten.

„Und schließlich wurde mir klar, was daran für mich das Wichtigste war“, erklärte sie dem *Boston Globe.* „Ich liebe es, diese Bücher zu schreiben. Ich glaube nicht, dass irgendjemand beim Lesen mehr Spaß haben kann, als ich es beim Schreiben hatte.“

Harry Potter und die Kammer des Schreckens kam im Juli 1998 heraus, und war wie sein Vorgänger sofort überall auf der Welt ein sensationeller Erfolg. Allein in Großbritannien überflügelte das Buch in den Bestsellerlisten „erwachsene“ Autoren wie John Grisham und Tom Clancy.

Joanne war immer noch fassungslos vor Staunen darüber, wie sehr die Menschen Harry Potter ins Herz geschlossen und in ihre Gedanken aufgenommen hatten. Aber sie stellte auch fest, dass das Leben einer Bestsellerautorin manchmal kompliziert war. Sie war schon mitten in der Arbeit am dritten Buch *Harry Potter und der Gefangene von Askaban* und musste feststellen, dass ihr wegen der vielen Interviews und Signierstunden und dem einen oder anderen Vortrag oder Auftritt in einer Schule nun viel weniger Zeit zum Schreiben blieb.

Joanne machte wirklich tapfer alles mit. Bei den Signierstunden und Schulbesuchen genoss sie es, dass sie die Kinder kennen lernte, die ihre Bücher lasen. „Als ehemalige Lehrerin ist es für mich eine echte Befreiung, mich einmal vor eine Klasse zu stellen und die Kinder einfach nur zu unterhalten. Und es ist toll, wenn sie die Bücher gelesen haben und einem ganze Absätze zitieren können und die Figuren beinahe persönlich kennen“, sagte sie im Londoner *Guardian*.

Es gab jedoch auch Tage, an denen beileibe nicht alles nach Plan ging und Joanne völlig erschöpft und den Tränen nah war. Während einer scheinbar endlosen Reihe von Werbeveranstaltungen für *Harry Potter und die Kammer des Schreckens* hatte Joanne Probleme beim Checkout in einem Londoner Hotel. Zunächst einmal wollte man ihr gar nicht erlauben, auszuchecken, weil man ihren Namen im Hotelcomputer nicht finden konnte. Schließlich entdeckte der Manager ihren Namen, wollte sie aber jetzt nicht gehen lassen, ehe sie nicht ihre Rechnung bezahlt hatte. Das brachte die normalerweise völlig unerschütterliche Joanne völlig aus dem Tritt, weil sie wusste, dass ihr Verlag die Rechnung bereits beglichen hatte. Als das Hotelfiasko endlich geklärt war, war sie schon viel zu spät dran für das nächste Interview und stieg in aller Eile in ein Taxi. Auf dem halben Weg bemerkte sie, dass sie ihre Handtasche im Hotel liegen gelassen hatte.

Das war zu viel! Joanne brach in Tränen aus und erschreckte den Taxifahrer damit sehr.

An den meisten Tagen gelang es ihr aber dank ihres Humors und ihres sonnigen Gemüts, alle Schwierigkeiten zu meistern, die ihre öffentliche Bekanntheit mit sich brachte. Sie hielt sich für einen unglaublichen Glückspilz, denn eigentlich war alles nur so gekommen, weil sie sich standhaft geweigert hatte, ihren Traum aufzugeben. Also gab sie bereitwillig Interviews und redete mit den Leuten bis zum Überdruss von morgens bis abends über Harry. Und abends ging sie dann so schnell wie möglich zu Jessica nach Hause, um sie an sich zu drücken und zu trösten. Wenn sie ihre kleine Tochter im Arm hielt und nach dem Tag in der Schule ausfragte, war sie stolz – stolz, dass sie es schaffte, Jessica Geborgenheit und ein gutes Leben zu schenken, genau wie ihre Mutter das für sie getan hatte.

Und wenn noch Zeit war, dann spazierte sie zu Nicholson's Café hinunter, um ein bisschen zu schreiben. Manchmal bestellte sie den üblichen Espresso mit einem Glas Wasser. Aber genauso oft fragte sie auch nach der Speisekarte...

Und überlegte sich, was sie Gutes essen könnte.

8

HARRY AUF IMMER UND EWIG

Harry Potter und der Gefangene von Askaban kam 1998 in die Buchhandlungen. Der Kult um Harry Potter ging weiter. Auch dieses Buch folgte seinen Vorgängern gleich an die höchsten Positionen der Bestsellerlisten in aller Welt.

Wieder einmal tauchten die Reporter auf und hofften, dass die schweigsame Autorin dieser fantastischen Abenteuergeschichten diesmal einen Grund für Harrys staunenswerten Erfolg angeben könnte. Und wieder einmal hatte Joanne große Probleme, Antworten zu formulieren, in denen nicht dauernd irgendwo die Worte „schockiert und erstaunt“ vorkamen.

Zum Glück war Joanne Rowling ja wirklich willens, sich einen Grund für diesen Erfolg zu überlegen. „Ich bin immer noch ganz benommen über die Tatsache, dass ich es von der völlig unbekannten Autorin, die am Hungertuch nagte, so weit gebracht habe, dass meine Bücher ganz oben in den Bestsellerlisten stehen. Ich finde das wirklich wunderbar“, pflegte sie regelmäßig den Reportern zu antworten.

Aber es gab nicht nur gute Nachrichten. Einige religiöse Gruppierungen waren zu der Auffassung gelangt, dass in den Harry-Potter-Büchern übles Gedankengut und das Böse schlechthin verbreitet würde. Viele dieser Gruppen schrieben Leserbriefe an die Zeitungen und protestierten gegen die Bücher. In manchen Fällen versuchten sie sogar, die Bücher aus den Leihbibliotheken und Buchläden entfernen zu lassen.

Joanne regte sich über diese Reaktionen sehr auf, beschloss aber, sie zu ignorieren. Und schließlich verebbte dieser Sturm der Entrüstung. Joanne feierte Silvester 1998/1999 in aller Stille mit einer kleinen Gruppe enger Freunde.

Um Mitternacht stieß sie auf ihr und deren Glück. Sie konnte sich nur ungefähr vorstellen, was das neue Jahr bringen würde.

Schon bald fasste sie einen guten Vorsatz. Niemand hat Joanne je arbeitssüchtig genannt. Aber die neuen Bücher erschienen so schnell hintereinander, dass mancher sich schon fragte, ob sie außer Schreiben noch irgendetwas anderes machte. Sie hat wiederholt gesagt, dass Schreiben ihre allerliebste Beschäftigung sei Allerdings beschloss sie, dass sie es Jessica und sich selbst schuldete, ab und zu ein wenig aus dem Haus zu kommen. So begann sie Reisen zu unternehmen, kleine Kurztripps in Nachbarländer, auf denen sie sich mit Jessica die Sehenswürdigkeiten ansah und ein bisschen Abstand von der Ablenkung durch ihre Arbeit gewann, die immer nur einen Anruf weit entfernt in Edinburgh auf sie wartete.

Es überrascht natürlich nicht, dass auch Hollywood schon bald völlig in Harry vernarrt war. Filmemacher erkannten sofort die Möglichkeiten des Stoffes, der sich hervorragend für eine Verfilmung eignete. Ganze zwölf Filmgesellschaften bemühten sich aktiv um die Filmrechte, um Harry Potters Abenteuer in einem Spielfilm zu zeigen. Wieder einmal saß Joanne neben dem Telefon, und ihr Agent Christopher Little ließ sie den neuesten Stand der Verhandlungen über die Verfilmungsrechte wissen. Aber im Gegensatz zu Buchverträgen gehen jedem Filmvertrag endlose Gespräche und Verhandlungen voraus, und so machte sich Joanne in der Wartezeit ganz zufrieden ans Schreiben der vierten Folge der Harry-Potter-Abenteuer.

Nachdem in einem einzigen Jahr zwei Bücher herausgekommen waren, gestand man Joanne für dieses letzte Abenteuer mehr Zeit zu. Der Verlag sorgte sich, dass es die Lieblingsautorin vielleicht ein wenig überanstrengt haben könnte, zwei Bücher praktisch ohne Zwischenpause hintereinander geschrieben zu haben. Ganz im Gegenteil, Joanne war nach der scheinbar endlosen Tour mit Presseinterviews und Werbung für die Bücher ganz scharf darauf, endlich wieder ihrer liebsten Beschäftigung nachzugehen und ein weiteres aufregendes Abenteuer des jungen Harry Potter für seine unzähligen Fans aufzuschreiben.

Ihre tägliche Arbeitsroutine hatte sich eigentlich kaum geändert. Nicholson's Café war inzwischen dank ihrer Berühmtheit plötzlich zur

Sehenswürdigkeit für Potter-Touristen geworden, und ab und zu stellte Joanne mit mulmigem Gefühl fest, dass Leute sie anstarrten, die ihr bei der Arbeit auf die Finger schauen wollten. Aber sie nahm sich trotzdem noch jeden Tag Zeit, um dort hinzugehen und ein paar Stunden zu schreiben. Notgedrungen musste sie allerdings auch auf andere Cafés und Pubs ausweichen, deren Namen sie nun jedoch weise für sich behielt.

Wo immer sie auch hinging, das Schreiben klappte immer noch wie am Schnürchen. Die Personen des Romans waren ihr zur zweiten Familie geworden. Sie wusste instinktiv, was funktionieren und was unecht und falsch klingen würde. Es war immer eine reine Freude, sich die Namen für die Personen aus der Zauberwelt auszudenken. Aber Joanne musste doch zugeben, dass sich mit diesem Buch einiges zu ändern begann. Harry und seine Freunde waren inzwischen Teenager geworden. Joanne meinte, es wäre höchste Zeit, dass er anfinge, sich für Mädchen zu interessieren.

Das war eine wirklich spannende Entwicklung, die es ihr erlaubte, sich an ihre eigene Jugendzeit zu erinnern und daraus zu entwickeln, wie Harry wohl reagieren mochte, nachdem er zum erstenmal ein Mädchen nicht mehr nur als guten Kumpel gesehen hatte. Langweilig war Harry ja nie gewesen, aber jetzt hatte er eine neue spannende Facette bekommen, und Joanne griff bei jeder sich bietenden Gelegenheit zum Stift und schrieb weiter.

Kurz vor der Jahreswende zum Jahr 2000 stieg Joanne mit ihrer kleinen Tochter Jessica im Londoner Heathrow Airport in ein Flugzeug, das sie für eine dreiwöchige Lesereise in die Vereinigten Staaten bringen sollte. Es wurde für Joanne eine wirklich aufregende Zeit. Sie hatte natürlich gehört, wie gut die ersten drei Bücher in Amerika angekommen waren, aber sie wollte unbedingt auch ihre Leserinnen und Leser von Angesicht zu Angesicht kennen lernen und die Freude und Erregung sehen, die ihnen die Bücher in die Augen gezaubert hatten.

Bei jeder Station auf dieser Reise durch das ganze große Land war Joanne ganz die Lehrerin, wenn sie es mit ihren vielen Tausenden von Fans zu tun bekam, die geduldig Schlange standen. Sie ermutigte sie, so viel wie möglich zu lesen und zu schreiben. Sie kicherte über die unvermeidliche Frage, wie man den nun wirklich ihren Namen aussprach, und sagte dann „Wie Rohling, nicht wie Rauling." Die Frau mit dem schlichten und einfachen Geschmack wurde behandelt wie ein Rockstar: Man fuhr sie in einer ewig langen Limousine durch die Gegend, und bei jedem Halt warteten Bodyguards. Ihr Gesichtsausdruck sprach Bände. Dabei hätte man ihn mit einem einzigen Wort zusammenfassen können:

Freude.

Auch im Jahr 2000 ging Joannes Erfolgsstory noch weiter. *Harry Potter und der Feuerkelch* wurde rechtzeitig für eine Veröffentlichung am 8. Juli 2000 fertig. In dieser Zeit ging auch die Nachrichtenmeldung durch die Presse, dass Warner Bros. die Rechte für die Verfilmung von *Harry Potter und der Stein der Weisen* erworben hatten. Ursprünglich hatte die Filmgesellschaft gesagt, Steven Spielberg interessiere sich dafür, die Regie zu führen. Später zog er sich jedoch aus dem Projekt zurück und meinte:

„Meine Interessen als Regisseur haben mich in eine andere Richtung geführt." Schließlich entschied sich die Filmgesellschaft, diese Aufgabe dem talentierten Regisseur Chris Columbus und dem Drehbuchschreiber Steven Kloves anzuvertrauen. Sie sollten Joannes Fantasiewelt auf die Leinwand bringen.

Joanne stimmte dem Angebot von Warner Bros. unter einer Bedingung zu: Sie wollte am Drehbuch mitarbeiten und es sollte kein Zeichentrickfilm werden. Als das Filmstudio dann verkündete, der Harry-Potter-Film würde im Sommer 2001 in die Kinos kommen, musste sie jedoch zugeben, dass sie der Gedanke daran, Harry auf der Leinwand zu sehen, außerordentlich nervös machte. „Es ist eine Mischung aus freudiger Erregung und Nervosität“, gestand sie beim Chat auf einer Website, nachdem sie die Nachricht gehört hatte. „Ich denke schon, dass man aus Harry einen großartigen Film machen kann. Aber irgendwie fühle ich mich natürlich für die Personen, mit denen ich so lange gelebt habe, verantwortlich und will sie auch beschützen.“

Im März flog der Regisseur Columbus nach Schottland und traf sich dort mit Joanne. Beide waren nach ihrem Gespräch völlig begeistert von dem Filmprojekt. „Ich finde es furchtbar spannend“, sagte Columbus in der *Los Angeles Times*. „Meine älteste Tochter Eleanor, die zehn Jahre alt ist, hat mir vor einem Jahr die Bücher wärmstens ans Herz gelegt. Von meinen vier Kindern und ihren Freunden habe ich jede Menge Ratschläge bekommen, wie dieser Film sein sollte und wie ich ihn völlig ruinieren könnte, wenn ich diese oder jene Szene weglasse. Ich werde niemanden enttäuschen. Die Filmfassung wird sich sehr eng an das Buch halten."

Joanne war ebenfalls höchst begeistert darüber, dass sie plötzlich ins Filmgeschäft gekommen war. „Ich habe sehr viel mehr mit diesem Projekt zu tun, als ich gedacht hätte. Ich bin schon sehr gespannt, wie sie das mit dem Quidditch-Match schaffen."

Die Werbekampagne im Vorlauf für die Veröffentlichung von *Harry Potter und der Feuerkelch* erreichte fantastische Ausmaße, als der Countdown für das offizielle Erscheinungsdatum begonnen hatte. Joanne freute sich kein bisschen darauf, wieder einmal die gleichen alten Fragen beantworten zu müssen. In den vergangenen Monaten hatte sie alle Interviewer mit Ausnahme der größten Zeitungen und Zeitschriften abgelehnt, um mehr Zeit zum Schreiben zu haben.

Ihr Verlag verstand das gut und verbreitete im Spätfrühling die Nachricht, es würde nur eine einzige neunzigminütige Pressekonferenz mit Joanne in London geben und sonst nichts.

Schon bald kamen Journalisten von überall her nach London geflogen, um diese Gelegenheit zu nutzen und der beliebtesten Autorin der Welt Fragen zu ihrem neuen Buch und zu ihrem Leben im Allgemeinen zu stellen.

Joanne war ein bisschen aufgeregt bei dem Gedanken, so vielen Reportern gleichzeitig Rede und Antwort stehen zu müssen. Sie machte sich Sorgen, dass eine so riesige Pressekonferenz außer Kontrolle geraten könnte. Es stellte sich heraus, dass der größte Teil der Veranstaltung völlig vorhersehbar war. Es kamen die üblichen Fragen: warum ihrer Meinung nach Harry so beliebt sei, wie sie damals in Edinburgh zu kämpfen gehabt hatte, wie sie mit dem Riesenerfolg zurecht kam. Joanne beantwortete sie spielend, präzise und oft mit einer Prise Humor. Aber sie hatte im Verlauf des Gesprächs auch mit einigen Überraschungen aufzuwarten.

Joanne verriet, dass im vierten Buch eine wichtige Person sterben würde und dass Harry sich zum erstenmal in ein Mädchen verlieben würde. Sie verkündete auch, dass man im fünften Buch endlich herausfinden würde, warum Harry seine Sommerferien immer noch bei den grausigen Dursleys verbringen muss.

Die sonst so geheimnistuerische Autorin enthüllte auch, dass Harrys Eltern nicht zurückkommen würden und dass sie schon vor langer Zeit beschlossen habe, dass man durch Zauberei die Toten nicht wieder zum Leben erwecken könne. Sie deutete jedoch auch an, dass Harrys Eltern auch in den weiteren Bänden eine wichtige Rolle spielen würden.

Nach der Pressekonferenz war sie mächtig erleichtert, dass sie erneut den weniger angenehmen Teil der Schriftstellerei hinter sich hatte. Jetzt konnte sie sich endlich wieder an den Teil machen, der ihr Spaß machte ...

Ans Schreiben.

Joanne war ziemlich nervös, als der 8. Juli immer näher rückte. Allerdings hätte niemand bei einer Wette dagegen gehalten, dass sich *Harry Potter und der Feuerkelch* genauso gut, wenn nicht besser als die drei vorangegangenen Bücher verkaufen würde. Aber für Joanne war das immer noch nicht selbstverständlich.

Schließlich war der große Tag da, und Joanne drückte die Daumen, als ihr letzes Buch in England und in den Vereinigten Staaten gleichzeitig in die Buchläden kam. Schon Stunden später kamen die ersten Rückmeldungen. Innerhalb von Minuten hatten die Geschäfte die Bücher ausverkauft und bestellten bereits telefonisch nach. Nach wenigen Tagen war das Buch bereits in allen Bestsellerlisten ganz oben, und zwar überall auf der Welt. Joanne stieß einen Seufzer der Erleichterung aus, nachdem sie diese Nachricht gehört hatte.

Der Zauber von Harry Potter wirkte immer noch.

Joanne schwebte wie beseligt durch diesen Spätsommer. Sie war bereits mitten in der Arbeit am nächsten Band der Harry-Geschichten. Sie war glücklich, sie war gesund, und zu allem Überfluss hatte sie noch eine wunderbare kleine Tochter.

Aber jetzt beim fünften Band kam auch allmählich das Ende in Sicht. Harry Potter würde irgendwann im Jahre 2003 nach sieben Jahren auf dem Zauberinternat Hogwart seinen Schulabschluss machen. Und obwohl sie gelegentlich scherzhaft meinte, man solle niemals nie sagen, wenn man sie fragte, ob sie Harry auch auf die Universität schicken würde, blieb sie doch eisern dabei, dass die Harry-Potter-Serie nach Buch sieben zu Ende sei. Sie hat auch zugegeben, dass sie der Gedanke traurig stimmt, dass Harry

Potters Geschichte irgendwann einmal zu Ende geht, und sie weiß jetzt schon, dass es „ein echter Trauerfall“ sein wird, wenn sie die letzte Zeile der letzten Seite des letzten Bandes geschrieben hat. Aber sie besteht darauf, dass „es keinen Harry Potter in der Midlife Crisis oder Harry Potter als steinalten Zauberer geben wird“.

Gegen Ende des Jahres 2000 kann sich Joanne Rowling kaum vorstellen, wie sich ihr Glück noch vergrößern könnte. Ihr Leben hat all ihre Erwartung bei Weitem übertroffen. Sie hat eine wunderbare kleine Tochter, und sie verdient sich ihren Lebensunterhalt mit ihrer Lieblingsbeschäftigung. Und sie ist kein bisschen traurig, dass es im Augenblick keinen Mann in ihrem Leben gibt. Ihre Meinung zu diesem Thema ist, wenn der Richtige ihr begegnen würde, wäre sie sicherlich höchst begeistert.

„Aber diese Frage ist gewiss nicht ganz oben auf meiner Liste“, hat sie der Zeitschrift *Salon* mitgeteilt. „Mein Leben ist im Augenblick sehr ausgefüllt und glücklich.“

Ihre Zukunft nach Harry Potter ist noch ungewiss, aber eines weiß sie: Das Schreiben wird immer im Mittelpunkt stehen. Sie kann gar nicht anders. Für sie ist es eine Lebensnotwendigkeit, ihre Gedanken auf Papier zu bannen. Sie hat einmal ganz offen gesagt: „Ich fühle mich nicht normal, wenn ich eine Weile nicht geschrieben habe."

Joanne hat mehr als einmal angedeutet, ihr nächster Schritt nach Harry Potter könnte ein Roman für Erwachsene sein. Aber sie ist ehrlich zu sich selbst und weiß, dass sie vielleicht nie wieder etwas schreiben wird, das an die Beliebtheit von Harry Potter heranreichen kann. Aber das macht ihr nichts aus.

„Ich habe dann dreizehn Jahre mit Harry Potter gelebt, und ich muss mir wahrscheinlich danach ein bisschen Zeit zum Trauern frei nehmen. Aber dann mache ich bestimmt gleich mit dem nächsten Buch weiter."

Was das sein wird, kann man nur raten. Auch Joanne hat keine Ahnung. Aber sie weiß, wohin sie gehen wird, um sich Inspiration zu holen: „Vielleicht steige ich ganz einfach wieder in einen Zug."

9

WIE JOANNE ROWLING SCHREIBT

J. K. Rowling hat eine ganz einfache Regel, wie sie die neuesten Abenteuer des Jungen Harry Potter aufs Papier bannt: „Ich schreibe zu jeder Tages- und Nachtzeit, überall und immer mit der Hand."

Joanne hat oft erzählt, dass sie etwa ein Jahr braucht, um eines ihrer Harry-Potter-Bücher zu schreiben. In einem Interview auf der Website von *Scholastic* hat sie erklärt, dass der Schlüssel dafür, wie sie ein dickes Buch in so kurzer Zeit schreiben kann, ihre Beharrlichkeit und Konsequenz ist. „Ich schreibe beinahe jeden Tag.

Manchmal zehn oder elf Stunden. An anderen Tagen vielleicht dann nur drei oder vier Stunden. Es hängt alles davon ab, wie schnell mir die Einfälle kommen."

Nachdem sie schon vor langer Zeit festgelegt hat, dass die Harry-Potter-Bücher eine Reihe von sieben Bänden, einem für jedes Schuljahr an einer englischen Schule, sein würde, legt Joanne das Handlungsgerüst für das Buch genau und in allen Einzelheiten fest, ehe sie sich hinsetzt und es dann schreibt.

„Ich habe immer das Grundgerüst fertig. Aber manche Dinge hebe ich mir doch auf und entscheide sie erst, wenn ich wirklich schreibe. So macht es viel mehr Spaß."

Viel Spaß machen ihr auch die seltsam klingenden Namen, die Joanne in ihre Geschichten aufnimmt. „Manche kommen aus der Folklore, aus traditionellen Erzählungen, viele habe ich frei erfunden", erklärte sie auf der Website von *Scholastic.*

„Ich sammle auch ungewöhnliche Namen und suche sie mir an allen möglichen und unmöglichen Orten zusammen. Ich erinnere mich noch genau, dass mir die Namen für die Häuser von Hogwarts im Flugzeug eingefallen sind, und ich habe sie dann hinten auf eine Spucktüte geschrieben."

Eine Sache, die mit jedem Buch schwieriger wird, das sie schreibt, ist das Problem, wie man neuen Lesern die vielen Elemente erklärt, die in der Serie vorher schon aufgetaucht sind. Joanne hat berichtet, dass es in *Harry Potter und die Kammer des Schreckens* noch ziemlich einfach war, neuen Leserinnen und Lesern von Harrys erstem Schuljahr in Hogwarts zu berichten.

„Aber wenn ich dann einmal bei Buch fünf und sechs angelangt bin, wird das natürlich wesentlich schwieriger", erzählte sie. „Vielleicht schreibe ich dann einfach ein Vorwort mit dem Titel ‚Was bei Harry Potter bisher geschehen ist' und fordere die Leute auf, sich Buch eins bis vier zu holen und zu lesen."

Oft wird Joanne von jungen Leuten gefragt, wie sie mit dem Schreiben anfangen sollen. Ihr erster Rat ist immer, so viel wie möglich und alles Mögliche zu lesen, um eine Vorstellung davon zu bekommen, wie Schriftsteller schreiben. Wenn es dann so weit ist, dass sie den Stift in die Hand nehmen, hat ihnen die Autorin immer wieder empfohlen, dass die Kinder beim Schreiben in ihrer eigenen Welt anfangen sollten.

Marc Shapiro

„Fangt damit an, dass ihr über Dinge schreibt, die ihr kennt. Schreibt über eure eigenen Erfahrungen und eure eigenen Gefühle. So mache ich es auch."

ÜBER DEN AUTOR

Marc Shapiro arbeitet schon seit über fünfundzwanzig Jahren als freischaffender Journalist und schreibt hauptsächlich über die Unterhaltungsbranche. Er berichtet für eine ganze Reihe nationaler und internationaler Zeitungen und Zeitschriften über Film, Fernsehen und Musik. Er hat über ein Dutzend Biografien über berühmte Persönlichkeiten aus diesem Bereich geschrieben. Er lebt mit seiner Frau Nancy, seiner Tochter Rachael, seinem Hund Keri und seinen Katzen Bad Baby und Chaos in Pasadena in Kalifornien.